HOW TO ENHANCE
YOUR HUMAN ABILITY TO
FEEL HAPPINESS

幸せを感じる人間力の高め方

ビジネスコンサルタント
三枝理枝子
RIEKO SAEGUSA

公益財団法人
モラロジー道徳教育財団

はじめに

幸せとは何か

この本をお読みくださり、ありがとうございます。

はじめまして、三枝理枝子と申します。


「幸せ」とは何か。

「人間力」とはどういう力なのか。


この本では、さまざまな思いが浮かぶその問いに、先人の教えを参考にして、皆様と一緒に考えてみたいと思います。

今生《こんじょう》で幸せと不幸せを分けている正体はなんでしょうか。

必要なものはすべて与えられていて、満たされているという「観点」で人生を捉えるか。欠けている、不足しているという「観点」で見るか。すなわち「観方《みかた》」が問題ではないかと思うのです。

物質的な豊かさ、満足感は、幸せの一つの構成要素に過ぎません。

生きることへの活力、意欲、自己信頼、充実した人間関係、感情や精神の安定、愛といった、いわゆる「人生の見えざる根っこ」の部分を核とした生き方を大切にすることで、誰もが心の内から豊かさや幸せを感じることができます。

私はもともと、全日本空輸（以後、ANA）の国内線・国際線でチーフパーサーとして乗務し、ご縁をいただいて皇室、政界、VIPフライトを担当させていただいておりました。

その後、ANAのノウハウをお伝えする研修講師としてさまざまな企業へおうかがいし、現在はコンサルティングファーム「パッションジャパン株式会社」のCOO（最高執行責任者）として、お客様満足、従業員満足を仕組み・人づくりで向上させ、組織を変革させるマネジメントコンサルタントとして活動しております。

パッションジャパンでは「人間を遺《のこ》す」をミッションに掲げ、人間だけが持つ思いやり、優しさ、寄り添い、助け合いの精神、また失敗しながらも困難に立ち向かっていく気概があり、柔軟性ある人間の教育に力を入れています。

また、日本企業の人材不足解決のため、そして真のグローバル人財の日本での育成機関として、海外の優秀な人材を紹介・育成する事業もしています。

これまで多くのお客様と接し、企業様ともご縁をいただき、数えきれないほどの外国人人材とコミュニケーションをとってきました。

特にここ数年で、企業やビジネスパーソンを取り巻く外部環境は、ＡＩの発達、外国人人材によるグローバル化、テレワークの推進などにより大きく変わりました。

外部環境が変わり、今までの働き方が通用しなくなる中で、たびたび耳にするようになったキーワードがあります。

それが「人間力」です。

ＡＩや他の人では代替できない「人間力」で勝負しなければ……。まったくそのとおりだと思います。

では、その人間力とは、どのような力のことをいうのでしょうか。私たち人間には他の動物とは違うどのような力があって、何が求められていて、どのようにその力を高めることができるのでしょうか。

普段何気なく使っている言葉ですが、いざ尋ねられると、はっきりとは答えられない人が多いのではないでしょうか。

大丈夫です。人間力はすでに皆様の中にあります。

自らの内面を真摯《しんし》に見つめ、自分の内なる声に耳を傾けながら、人間力をひもといていきましょう。

これじゃダメだともがきながら

「どうせマナーの先生でしょ。何ができるんですか」

「きれいごとでは通用しませんよ。きれいな世界で生きてきたあなたにはわからないですよ」

「まだまだ器が小さいねえ」

「あなた、本当に立派ないい人なの？」

「本当は何がしたいの？」

これらは、客室乗務員という見た目には華やかな世界からコンサルタントの世界へ移った私に、縁ある方々から投げかけられた言葉です。私の人生を大きく変えたメッセージであり、厳しい言葉に、自分のちっぽけさ、未熟さを痛感してきました。

今、こうして人間力について本を書いている私ですが、決して立派な人間力を兼ね備えているわけではないのです。むしろ、自分の器の小ささ、人間力の低さに何度も恥ずかしい思いをして、自分に失望し、「これじゃダメだ」と自戒し、もがいてきた人間です。

時折、克己《こっき》できず、ダメな自分はまだときどき顔をのぞかせますが、できない自分、不完全な自分と逃げずに向き合うことで、少しずつ他力から自力へ、また懸命に生きる尊さを味わえるようになってきました。

そんな私の失敗談も交えながら、人間力とは何か、人間力が高い人とはどのような人なのか、人間力を高めるにはどのようなことをしたらいいのかをお伝えしてまいります。

目に見えないもの、耳に聞こえないものを大切にする生き方についてご一緒に考えて実行していきましょう。

大事なのは何を学んだかではなくて、どう考えて、やってみるかです。

本書にはそのためのヒントとなる心の持ち方や習慣も盛り込みました。

生きていくには拠り所が必要です。

先行きの見えにくい不安定な世の中だからこそ、「私にはこれがある」という手ごたえのあるものがほしい。誰しもが願うものではないでしょうか。

皆様は、そんな手ごたえのあるものをお持ちでしょうか。

日本の伝統文化、日本人が培ってきた精神、長い歴史の中で日本人が心の拠り所にしてきた神道、仏教、儒教などのさまざまな宗教観や思想の真理――。

多くの日本人が心や行動、生活の拠り所としていた道徳や宗教観は今や薄れつつあり、大量の情報を拠り所にしています。

軸を持っている人は強く、勇ましい人ですが、今は何を軸に自分を確立していけばいいのか、何を人生の柱に据えたらブレない生き方ができるのかが、わからなくなっている不安定な状態です。

私は「修養」に関する本が好きで、今まで多くの書物を人生の参考にしてきました。「修養」は日本をはじめ、世界の国々の先人たちが道を示してくれたものです。

昔の人は、そもそも「実践」することを前提に「修養」を学んでいました。

一方、私はといえば、良い言葉に触れていることで成長した気になって満足していたり、「よしやるぞ」と決意を固めることで満足したり、行動したとしてもすぐにやらなくなってしまったり、悪癖《あくへき》が出てくることを繰り返してきました。

日々、「崇高《すうこう》なる人間として高い道を歩みたい」と願っても、現実は弱い自分を克己できない自分を目の当《ま》たりにして、「恥ずかしい」「情けない」と葛藤しながらもなんとか人間力を高めることができないかと挑戦し続けています。

目に見えない部分が実は人生のすべてを作り出していて、あらゆる問題は自分の心の中で生まれている。

だからこそこの本では、「心を磨く」ことが最も大切であると説いた石田梅岩《いしだばいがん》の「心学」の教えや、幸せになりたいと願う希望より、はるかに高みに位置する希望もあることを教えてくれる幸田露伴《こうだろはん》の「努力論」などを基に、人間としてよりよく生きる生き方の実践を追求していきます。

半分眠ったように生きているのか、あえて嫌なものを見ないように片目をつぶって生きているのか。真に生きていると言えるのかさえわからない現代人にとって、人間力を論ずることは堅苦しく思われることでしょう。いかに幸せに生きるかという問いに対して、より手軽な方法論だけを追いかけて、面倒な修養（実践）の部分を省《はぶ》く傾向が強いのが現実です。

「努力をする必要はない」

「努力なく成功する方法を」

省力化や自動化が進む現代では、一部ではそのようなことも言われていますが、そもそも努力とは嫌々するものではありません。

人間にとって努力とは、面倒なもの、無駄なものではなく、人を成長させ、幸せにする最善の道だと考えます。

意識しない自然な状態で、気がついたらいつの間にか没頭していて物事を成し遂げていたというのが本当の努力です。

「幸せ」とは人に喜びを与え、誰かのために生きてこそ感じられるものであり、自分の可能性を信じ、夢や志、憧れに向けて昇り続けられることではないかと思うのです。

もちろん、努力しても望んだ幸せが手に入らないことはあります。しかし、努力することこそが実は人間としての幸せなのです。

まずはあるがままの自分を受け容れ、自分の中に拠り所、軸を意識し、自分を信じることから人生を拓《ひら》いていただければと願っています。

軸を持たず、手軽で表面的なもの、結果だけを追い求めることが標準の今の時代に、あえて「変人」になる覚悟を持って生き方を変える。

先人が修養を実践したように、自ら行動する人間になることをめざして、幸せな人生を歩んでまいりましょう。

三枝理枝子

幸せを感じる人間力の高め方 ● 目次

もくじ

第五章　【実践編】自分と向き合うビジネス禅

第六章　日本の底力

第一章

人間の正体

誰もが迷いながら生きている

「人生、楽をして生きて過ごしたい。できれば悩み、苦しみは取り除きたい」と思っている人が多いですが、そうはいかないのが現実です。

人間とはそもそもどのようなものなのでしょうか。

きれいごとだけでは生きられないのが人間

コインに裏表があるように、人間は裏も表も抱えながら生きています。

人間とは、外見や言葉、立ち振る舞いといった目に見える表の面を整えたとしても、内側にはときにドロドロとした感情や自分さえよければいいといった自分本位な気持ちも同居する「裏も表も併せ持つ存在」です。

皆さんは、ご自身のことを美しく、清い人間だと思いますか？

人間というのは、放っておけば自分がこの世で一番かわいいと利己的な心が働くものであり、一方では大切な人のために何か役に立ちたいと考える善良な心も併せ持っています。

生きていればイライラしたり、腹立たしく思ったり、恨んだり。そのような醜《みにく》い裏の部分もあれば、美しく清らかな表の部分もあります。善悪の二面を持つのは、人間の共通の姿でしょう。

スポットライトの当たる表舞台があれば、観客からは見えない裏舞台もあって初めて成り立つように、人間は清濁《せいだく》併せ飲んで初めて成り立つ生き物だと言えますが、現代社会は表の部分だけを見て、裏の部分はできるだけ見ないようにしたり、排除しようとする。きれいごとがまかりとおる世の中になっています。

言葉を換えれば、バーチャルな世界で生きるようになっており、心地悪いものは批判して終わり、寄せつけない。

ドロドロしたリアルな世界はお断りと宣言し、お花畑を望んで生きる人が増えています。

人間の価値は欲を尊重する動物的な部分と、精神的な部分の組み合わせや働かせ方によって決まってきます。

よいことをするときの本心は

人間は「裏も表も併せ持つ存在」。そのことを考えるとき、私はいつもある出来事を思い出します。

私がＡＮＡで客室乗務員をしていたときの話です。当時、私は北京《ペキン》線のファーストクラスに乗務していました。

搭乗口でお客様をお迎えしていると、あるビジネスマンが大事そうにカバンを胸に抱えて乗ってこられました。カバンを見るその表情が少し不安げな様子だったので、「きっと特別なカバンなのだろう」と思っていました。

そのお客様のことが気になり、機内サービスが終わり一段落してから「お客様、どうかなさいましたか」とうかがいました。するとお客様は、空港で引っかけてカバンの外側のポケットがめくれてしまったことを教えてくれました。

「これは大変」と思ったものの、機内では修理する方法が見当たりません。紐《ひも》を使ってなんとか直すことも考えましたが、お客様がこれから向かう北京で、ビジネスの場で持ち歩くにはあまりにも不格好になってしまいます。

その日は北京で泊まる予定だったため、偶然革の手芸用に強力な接着剤を持っていることを思い出しました。接着剤は翌日のフライトが終わってから革の手芸をプレゼントするために使う予定のものです。

少し迷いましたが、お客様が喜んでくれるなら……と思い、その場で接着剤を使ってカバンのポケットを修理しました。

応急処置が終わるとお客様は、「実はこのカバン、ちょっと古ぼけているけれど父の形見なんです。契約のときにこのカバンを持っていくと、なぜかうまくいくんですよ。北京での商談でもと思って持ってきたんです」とカバンの想い出話をしてくださいました。

そうこうしているうちに北京へ到着し、お客様がお降りになるために前方のドアへ歩いていらっしゃいました。

いつもなら客室乗務員が何か特別なサービスをした際は、お客様が降りる際に目を合わせて「ありがとう」と言ってくださることが多いのです。そのときも、声に出さないまでも、目と目を合わせて「助かったよ」「ありがとう」と言ってニコッと笑ってくださるだろうと期待していました。ところが、その方は私と目を合わせることもなく、急いで機内から降りていきました。

心底がっかりしました。

私の大事な接着剤を全部使って助けてあげたのに、二十分間も膝をついて応急処置をしたのに、お礼を言ってもらえなかった。そんな気持ちが芽生えてきました。

今になると、当時の自分の器の小ささにがっかりします。

「表」ではお客様本位と言い、善意でお客様を助けようとしていましたが、実は私はお礼というご褒美を期待していました。お客様に喜んでもらって、その後に「ＡＮＡの客室乗務員はすばらしい」とか「またあなたがいる飛行機に乗りたい」と言ってもらうことこそが最高の報酬だと「裏」では思っていたのです。

「さすがですね」と称賛されたい、人からも会社からも世間からも評価されたい。私は今までそんな自己中心の欲を持ちながら、空の上でおもてなしをしていたのだと気がついて、とても情けない気持ちになりました。

本当のよい行いとは、自己満足や他人の評価にとらわれず、見返りを期待せず、ただただよい行いを成すことが純粋に自分を高めることにつながると信じて、自分の心を磨いていくことなのです。

目に見えるおもてなしを磨くばかりで、内なる自分の心の声に向き合っていないことに気づかされた出来事でした。

外見やうわべだけで判断していないか

ここで、皆さんにお尋ねします。今日、何回お辞儀をされましたか？　頭を下げて腰を曲げるこの日本独特のお辞儀は、外国ではほとんど見られません。

ビジネスシーンであれば取引先や上司に対して、お客様へは歓迎や感謝の意を表す立ち振る舞いです。また、近所の方へご挨拶のためのお辞儀もあります。

では、頭を下げたときにどのようなことを気にされるでしょうか。

相手がすがすがしい気持ちになるように笑顔を添えよう、美しく見えるように背筋をまっすぐにしよう、下げた頭をゆっくりと上げて丁寧に見られるよう印象をよくしよう。マナーの心得のある方でしたら、このようなことを考えながらお辞儀をしている方も少なくないでしょうが、目に見える形だけにとらわれてはいなかったでしょうか。

形にとらわれるだけならまだよいのです。相手にさほど関心もなくうわべだけの対応をしていたり、しかたなくしてあげた感でいっぱいだったとしたらどうでしょうか。

ＡＮＡで客室乗務員として勤めた後、結婚し、子供が生まれ、子育てに向き合う十年を過ごしました。その後、私はＡＮＡラーニングという人材育成会社で仕事に復帰しました。

ＡＮＡグループが培ってきた接遇やマナーなどのノウハウを教える研修講師として活動するようになり、ありがたいことに企業から「サービスの品質を上げるために型を教えてください」と依頼を受けることも増えました。

たしかに、日本には茶道や武道のように型を重要視する文化があります。

「お辞儀はこのようにするときれいに見えますよ」

「笑顔のポイントはこうですよ」

「指を伸ばして指差しをして、このように案内してくださいね」

研修ではよく、所作、表情、目線といったどれも相手を喜ばせて心地よくさせるための「目に見える表の部分」の指導を期待されます。しかし、作法やマナーについていえば、いくら外見としての型を整えても、その型を通した心が相手に届かなければ、ただの自己満足でうわべを整えるに過ぎません。

型に心が伴うことで初めて相手の心に届く作法となります。相手を思う気持ちが心からあふれ出て、動作や表情となったものだけが相手に届くのです。

目に見えない心を磨くなんてよくわからない、目に見えて成果がすぐに出る型で手軽に済ませたい。そのような人が増えています。そこには、見えざるものを大切にする感性を失いつつある、今の日本人の危うさが垣間見えます。

自分はいつも何を気にかけているのか、何を見ているのか、静かに振り返ってみてみましょう。目に見える形で認識される地位、名誉、財産、見た目でしょうか。

目に見えるものに対して、目には見えず、耳にも聞こえないのが心――愛、真心、エネルギー、気概、勇気――どれもこの世の中で忘れてはいけない大切で本質的なものです。

木に根っこがあるように、肉体には精神が、作法には心があります。今生きている人間がいれば、それを支えた祖先がいるように、今、目に見えるものを根っことして支えている「見えざるもの」の存在に気づいてほしい。長年日本人のおもてなしの心をマナーや作法としてお伝えしている私の願いです。

「失敗哲学」でいこう――ミスがあってこそ人間の価値が磨かれる

なぜ私たちは「目に見えるもの」ばかり追いかけてしまうのでしょうか。

お金や財産がどれくらいあるか、地位が高いか低いか。見た目がよいかどうか。こうした形があるものは、人と人とを比較するモノサシとなりやすく、多くの人が目に見えるものを獲得することを「成功」の条件のように思っています。

ここでは失敗についても考えてみましょう。

成果や成功を望み、頑張って歩んでも、人生には大なり小なり必ず困難な状況や失敗がつきものです。私も今まで多くの失敗をしてきました。失敗とは嫌なもの、できればしたくありません。

人は普通、こう考えてこう行動すれば必ず成功するという「成功哲学」に注目します。成功しよう、成果を出そう、達成しようと努力をしますが、ではいったい「成功」とはどのようなことをいうのでしょうか。

経済的に優位に立つ、競争に勝つ、物質的に豊かになる。こうしたことだけを成功と捉え、成功しなければ意味がないという観念がまかりとおるようになると、失敗をする人間はいらなくなります。ミスを犯さないロボットがすべてをやればいいわけです。

人間は誰しもが成功するとは限りませんが、自分次第で必ず成長することはできます。「成長」こそ人間にとっての成功です。成功を成長と捉え直せば、失敗をしても、困難な壁にぶつかっても何度もチャレンジしていく人間にこそ価値が出てくるのではないでしょうか。

人生は、何歳になっても目の前に予想もしないことや困難が現れる、障害物競走のようなものです。私たちに起こることの一切は結局自分が自ら受けるべきもの、必要なことだから出てきている事象なのです。

失敗したくないからチャレンジしない、あるいは失敗をごまかすのではなくて、失敗してもいい、次につなげようという気持ちで楽しんで障害物競走を歩み続けること、自己を尽くすことがとても大切です。葛藤しながら、失敗によって積み上げられた人間力こそ人間にとっての宝なのですから。

迷い、裏もあり、失敗もするのが人間です。

生きていると出合う不安、蓋《ふた》をしておきたい醜い部分、足りないところ、これらは見て見ぬふりをして生きていくこともできるでしょう。

しかし、希望も迷いも、表も裏も、成功も失敗もあることをすべて受け容れ、立ち止まったり、葛藤し、転びながら生きていくのが人間です。

イキイキと人生百年時代を生き抜く鍵とは

人生百年時代。

皆さんはこの言葉からどのようなイメージが浮かびますか？

仕事をリタイアした後、面倒なことには一切しばられない悠々自適な老後をイメージしますか。それとも働き続けたいけれど、仕事はあるのだろうか、いつまで健康なままで過ごせるだろうかとさまざまな不安が先に立つ方もいらっしゃるでしょう。

ものすごいスピードで変化していく今に、内心では焦《あせ》り、自分自身のことが心配だけれども、毎日はあっという間に過ぎていくし、今さら大きな変化を起こすなんて無理。今さら人生は変えられない、この先どう生きていこうかなんてあまり深く考えないほうが得策と逃げて、人生をあきらめてしまっているでしょうか。

人は歳を重ねるほど、どうしてもネガティブ思考に陥りがちです。

「もういい歳だから」

「どうせ自分なんか能力ないし」

「そもそも無理ですよ」

こうした言葉が口から出てしまうことはありませんか。考え方や言葉がネガティブで凝り固まってしまってその先へ進めない。そのような方が少なくないように思います。

一般的には、七十歳を過ぎれば仕事に対する意欲がなくなったり、身体が動かないためにさまざまなことがおっくうになったり、頑固で人の意見を聞き入れられなくなる方が残念ながら多いのが現実です。

中国の古典『老子』に、「人の生まるるや柔弱、その死するや堅強なり」という言葉があります。人は生まれたときは柔らかく、弱々しいが、死ぬときは硬直する。つまり、固く強いものは死に近い。歳を取ってもいかに心が柔軟でいられるか、何事も素直に受け容れられるかが、人生百年時代をイキイキと生き抜く鍵だと理解しています。

そもそも人間としてこの世に生を受けたということは、今生《こんじょう》でやるべき使命がある、私はそう考えています。

でも、「これこそ私の使命、私の生きる意味!」「自分は死ぬまでこれで光り輝いて生きていく！」というものに巡り合い、肚《はら》に落とし込み、並々ならぬ覚悟を持って毎日を過ごしている方ばかりかといえば、そんなことはないでしょう。

未来に不安はあるけれど、他人に迷惑はかけていないし、損をしているわけでもなく、今はそれなりに幸せ。何のために生きているかなんて堅苦しいことは考えたこともないけれど、ある程度自由気ままに、人生それなりに順調に過ごせている。

このように、人生を「とりあえず」で過ごしている人が多いのではないでしょうか。

でも、ふとした瞬間にこんな不安が顔をのぞかせることがありませんか？

「何のために生きているのだろうか」

「自分の人生このままでいいのだろうか」

そう、人間とは、本当はそれぞれに使命を持ちながらも、何歳になっても迷いながら不安を抱え、苦しみながら生きている存在です。

人生には何度か転機となるときが訪れます。人はそのたびに壁にぶつかり、悩み、葛藤しながら前へと進んでいきます。

それが人生百年時代になり、私たちは人生後半戦の生き方という、今までは考えなくてもよかった悩みや不安にも向き合わなければならなくなりました。

人生には四季がある

人間には使命があると申しました。それは、それぞれの年代にやるべきことがあるともいえます。

人生の年代をどのように区切るかについては、いくつかの考え方がありますが、ここでは「人生の四季」という考え方をご紹介します。

人生の四季とは、古代中国の陰陽五行《いんようごぎょう》思想から生まれたといわれる、人生を四季にたとえた考え方です。古人は四季の変化を色彩で表現して青春《せいしゅん》・朱夏《しゅか》・白秋《はくしゅう》・玄冬《げんとう》という言葉をつくりました。人間が自然と調和し、立ち止まり、生きていることを考えるきっかけとなります。

年齢については諸説ありますが、若々しくすがすがしく生気あふれる二十代までの

「青春」。新しい能力や知識を身につけながら、周囲からさまざまなものを授けられ、教えてもらい、バイタリティあふれるときです。

夏の太陽の暑さを朱《あか》い色にたとえた「朱夏」。三十代から四十代。エネルギッシュにモチベーション高く生き、スペシャリティを高めながら生きていく時代です。気力、体力ともに満ちあふれて、社会に出て活躍するころですね。仕事をしていれば、責任ある立場を任される年代になり、さらなるステップアップに向けてやる気も充実しているころでしょう。結婚して新しい家族を授かるなど、人生においてかけがえのない新しい要素もからんでくる時期です。

一方で、肉体的な成長のピークは二十代ごろといわれます。ピークを過ぎれば、人生のゴールへ向かうにつれて、能力や体力への行き詰まり感を感じ始めます。

朱夏を過ぎるとすべてを収斂《しゅうれん》し、静かな心で人に喜びを与えてオリジナリティを発揮する「白秋」。五十代から六十代。自分が与えられるよりも人に与えていく、次の世代を育てていく時期です。授けられる、教えられる人生から、与える人生へと変化していきます。

そして、あらゆるものを受け容れて、包み込み、未来を育み、奥深く成熟する七十代以降の「玄冬」。生きている限り人は確実に玄冬へ向かいます。冬という寒々しいイメージもあってか、玄冬とは人生の終焉を表す暗くて希望のない言葉のようにも捉えられがちです。

しかし、実はこの「玄」という字には、始めという意味があるのです。一粒の麦が地に落ちて、新しい生命が立ち上がり、そこに自らの形は残らなくても自分自身の心が育まれていくように、玄冬には始まりという意味があります。

人生の最終コーナーは、未来のための新たな力を育んでいく時期といっても過言ではありません。

春には春らしさと良さがあり、夏には夏の、秋には秋の、そして冬には冬らしさとの良さがあります。季節が過ぎれば新しい季節が始まるように、人生はひと続きのように見えてそのときどきに味わいがあり、けじめがあります。それぞれの段階を、時代をどのように意味づけ、生きていくかで充実した人生を送ることができると古人は考えました。

例えば、皆さんが今、六十代を迎えた白秋を生きているとしましょう。エネルギッシュにやりたいことに取り組めた朱夏に比べると体力も衰え、無理はできなくなっているはずです。時間的にも量的にもハードワークすることは難しくなるでしょう。

ハードワークができなくなった人生に意味がないかと言われたら、そんなことはありませんよね。年齢を重ねた分、さまざまなノウハウが自分のものとなり、ピンチを乗り越えてきた知恵が蓄積されている白秋という年代だからこそできることがあります。

たとえハードワークはできなくても、心を遣《つか》ったハートワークは深みを増すことでしょう。

次の章では、人生百年時代をイキイキと生き抜くための原動力となる、心のエネルギーについて考えていきたいと思います。

第二章

心の道を拓く

思いのエネルギーを高める

私たち人間には、物質である「体」と精神である「心」の二つの側面があります。

このうち、体の機能の高め方については運動、エクササイズ、食生活など、さまざまな観点や方法があり、ネット上にはたくさんの情報があふれています。筋肉の量や体重、体脂肪など測定がしやすく、体を鍛えるなんらかの習慣を日常生活に取り入れているという人がほとんどでしょう。

一方、心の機能についてはどうでしょうか。

心が大切であることはなんとなく自覚しつつも、どうすればよりよく働かせることができるのか、自分の心の取り扱い方さえよくわからないという人が多いのではないでしょうか。

体の機能と同じように、心も鍛えること、高めることができます。ただそうはいっても、何をどう取り組んだらいいのか「道筋」が見えにくいのが人間の心です。

行ったことがない未知の場所を訪れるとき、人は必ず地図を頼りにするものです。

人生百年時代を生き抜くための心の地図とは、その確かな道筋とはどういうものなのか。この章では、その点を詳しく見てまいりましょう。

見えざるものを主として生きる

この世の中には、目に見えないけれど大切なものがたくさん存在しています。美しい花や木は地中深くに張り巡らされた根に支えられているもの。本来、立ち振る舞いも相手を思う心があふれて形になったものです。文章も目には見えない行間に作り手の思いや背景が込められています。目に見えるものを動かしている根っこのエネルギーこそが最も大事ということですね。

昔の日本人は目に見えないものをとても大事にしてきました。見えざるものが見えていたのです。現代では失われつつある感性です。

私たちが今一番見ているものはなんでしょうか。ほとんどの方がスマートフォンと答えると思います。

人間はともすると目に見えることに惑わされますが、見えていないというより存在しているけれど気がつかないものを感じていくことが大切です。目に見えない部分を主とする深い生き方が非常に大事だと思っています。

人間とは人と人の間。この間にこそ、人間の本質があります。

真の人間のあるべき姿は「見えざる心を高めること」。気・真心・愛・魂・祈りなど目に見えるものを動かす思いのエネルギーです。

心が人生を形づくっている

目に見えない心の働きについて確かに言えることがあります。

それは、日々の生活の中で何を選ぶかは心が決めているということ。

幸せを決めるのは心の持ちよう、精神の態度です。

悲しみが訪れてもそれを感謝、喜びに変える選択肢を持てるか。何があろうとも幸せでいようと決意できるか。そうすれば事態は必ず良くなります。いつまでもふさぎ込んで涙しているのではなく、障害が出てきてくれてありがとう。大変な状況でも「幸せでいよう」「いつもニコニコ頑張ろう」と心を満たして頭で描き続けると、心の道が拓《ひら》け、困難を乗り越える道筋が開けてきます。何かが起きたときにそれをどう受け止めて行動するかも心が決めています。

どのような心を使うかは、その人なりに基準があるものです。

心の基準がその人の生き方と言ってもよいでしょう。

心の持ち方と心が選択した行動は、しらずしらずのうちに自分の心の癖となり、こだわりとなって人生を形づくっています。厄介なことに、人生を誤った方向に導く癖であっても、私たちはそれが目に見えないので気づきにくいものです。

ですから、自分の心の癖に気づき、それを正しい道に戻る努力を続けることで、私たちはよりよい判断や選択ができるようになるでしょう。

心が人生を形づくっているということは、人は自分の生き方を選べるということでもあります。

日常の些細な心の動きこそが、私たちの人生を形づくっています。目に見えない心の働きが、私たちの行動や感情、人間関係に影響を与えているのです。

置かれた場所で励みましょう

困難なことにぶつかったときこそ、「心」を磨くチャンスと前向きに捉えることができるかどうかです。

心という目に見えざるものに向き合い、自分事として磨いていく——。

私がこの大きなテーマと向き合うきっかけとなった、師からの「ひと言」があります。

十五万冊もの希書を所蔵し、その該博《がいはく》な教養から「知の巨人」と呼ばれた故・渡部《わたなべ》昇一《しょういち》先生とご縁をいただき、学ばせていただいていたある日のこと。「私がこれから教育ということで伝えていくべき柱は何だと思いますか？」と質問すると、先生はこうおっしゃいました。

「心学というユニークなものがある。あなたは女性としてこれから石門心学《せきもんしんがく》を柱に徳を説いていくといいと思いますよ」

ありがたいお言葉でした。

石門心学とは、江戸時代に石田梅岩《いしだばいがん》が説いた実践的な道徳の教え。神道、儒教、仏教などを取り入れた、武士道の流れから続く商人の道です。

昇一先生は続けて「人間には心がある。それは珠《たま》のようなもので、磨けば輝くが、磨かなければ石ころと同じです。心という珠を磨くのに役立つのが、神儒仏の教えです。宗教や宗派にこだわらずに、修養の本質を深めていき、自分の魂を探り続ける内省を第一としていく道です」と、静かに力強くお話しくださったのを今でもはっきりと覚えています。

梅岩は、日常の目の前の仕事に勤勉に取り組むこと、自分が置かれた状況で励むことがいかに大切かを説きました。どのような状況であってもそのことに不満を抱かず不平を言わず、その場、そのときで適切な行動を勇気をもって実践することでこそ心は磨かれると教えたのです。

人生の四季のそれぞれの舞台で輝く人にも、支援している外国人人材にも、置かれた場所で励んでいればそれぞれに困難や想定外のことが起きるでしょう。困難な壁にぶつかれば逃げたくなったり、言い訳をしたくなったりするのが人の常です。すべてを完璧に乗り越えられたら理想ですが、そうもいきません。

また自分の都合の良いこと、聴き入れやすいことだけを耳に入れ、それ以外は情報としてシャットアウトしてなかったことにする。というような生き方も本質的には、幸せとは言えません。

目の前の出来事にうろたえず、困難を跳ね返すわけでも逃げるわけでもない、「自分を磨くチャンスが巡ってきた」、そう受け止めて向き合うことを心学は教えています。

自分のことだけを考えると、その奥に潜んでいる「欲」に引っ張られてしまいます。失敗したくない、恥をかきたくない、楽をしたい、自分を守りたい、少しでも人よりも得をしたいなどの「欲」です。

他者のため、世の中のために貢献したい、自分は全体の一部ということに気づけると、自分の置かれた場で与えてもらった機会（舞台）をありがたいと思えるようになり、「生かしていただいている」と感謝できることでしょう。

磨き草で心を磨く

目には見えない心を日々磨いていく必要があるとはいえ、私自身が常に心磨きができている立派な人間かと言われたら、そんなことはありません。もっと成長したい、もっと自分を磨きあげたいと思いながら一歩一歩前へと進んでいます。

人間ですから、生きていれば心に垢《あか》も埃《ほこり》もたまっていきます。

知識は読書をしたり、芸術に触れたり、研修に参加することで高めることができますね。では、心はいったい何で磨くことができるでしょうか。

心は、あらゆるものを磨き草にして磨くことができます。

磨き草とは、本来の意味は「土などで汚れた農具などを磨いたりするのに使った、近くに生えている雑草やワラ」のことです。

ここでは、自分磨きのために役立つものと理解していただければよいと思います。あらゆるものを磨き草にするとは、あなたの身近な人も、あなたを困らせる人や悩ませる人も、すべてが自分磨きの役に立ってくれるということです。

人生の中で自分自身に起こる出来事には、無駄なものは何一つありません。つらいことも苦しいことも含めて、すべての経験が心磨きのために与えられた貴重な機会です。ロボットではない人間は、失敗や困難によって磨かれてこそ価値が出てくるのでしたね。

柔らかく心地よい絹では、こびりついている埃や汚れは落としきれません。乗り越えるべき壁や困難という人生に立ちはだかるものを磨き草として、ゴシゴシこすることが人を磨きます。艱難辛苦《かんなんしんく》こそ貴重な磨き草なのです。

でも一番自分が磨かれるのは、「他人を磨くこと」。「自分磨きは、他人磨き」です。

人は、他人に輝いてもらうためにゴシゴシと磨くことでしか、自分自身を磨くことができません。その不思議に気づいてください。

本当は、艱難辛苦が突然目の前に現れたら「ありがたい」と思えることが最上級の受け止め方ですが、その境地まではたどり着ける人はなかなかいません。私もその一人。肉体を持っている私たち人間は生きているうえでつらいこと、落ち込むことが起きることは想定内です。逃げたくなりますが、ごまかさず、不快に思わず、怒ることも悲しくもならず、心静かにこの現実を認め、謙虚になり、他人を磨くことに意識を向けていきましょう。それは、困難を跳ね返す強さというより、竹のようなしなやかさに近い感覚です。

竹は雪が降り積もれば重みでしなりますが、節《ふし》があるのでポキンと折れることなく、雪解けとともに元の姿に戻ります。人間もしなやかに、竹のように困難を受け止めて、意識を外に向けていきましょう。

人間を人間たらしめているものは何か

そして、そもそも人間にとって一番大切なことは何か考えてみたいと思います。

現代では魂の存在を理解しない人、考えたことがない人が増えています。私もかつてはその一人でした。

人生半ばを迎えた私に「心学」を究めることを助言くださった渡部昇一先生は、ご自身の生涯の終焉《しゅうえん》を前にして「人間が死ぬこと」とはどういうことかについて、最後の教えを遺《のこ》していかれました。古今東西の万巻《ばんかん》の書を読み、知の巨人と呼ばれた先生が最後に行きついた境地、それは「人は老いて死に、肉体は滅びても魂は存在する」「だから、死ぬことは何も心配がない」というものでした。

宗教的な話をしようとしているのではありません。

私自身、いくつもの失敗をし、葛藤を乗り越え、自分と向き合い続けた実感として、現在は、人間だけに魂はあり、人間だけがこの精神的なエネルギーを受け容れることができる、身体がなくなっても魂は生き続けると思うようになりました。

魂が形を変えることはありますが、なくなることはありません。肉体はいつか滅びますが、魂（想念）は今生だけのものではなくて無限であると意識すれば、私たちは、先人たちの何かしらの魂（想念）を自分の中に知らず知らずのうちに受け取って、その想念を自分の中に生かして人生を生きていると言えます。

人間を人間たらしめている肉体よりも大切なものがある。それが心であり、魂です。どちらも目に見えないエネルギーですが、心は日常生活の中で磨き、高め、働かせていくものである一方、魂はその存在を「信じる」こと、それ自体に価値があります。

魂の存在を信じられるようになると、私たちの存在自体が自分一人のものではなく、さまざまな存在とつながり、「自他同一」ということが理解できるようになります。

「私」「あなた」「彼ら」自分と他者は皆、精神的には魂レベルではつながっているということです。深いところでつながりあっているのですから、人を恨《うら》み、憎み、争うことは自分に対して行っていることになり、自分に対して認め合い、励まし合い、協力し合い、高め合うべきと考えることができるようになってきます。

「思い」でつながる関係づくり

目に見えないもの、聞こえないものの価値を大切にするとお伝えしましたが、特に自分が何かと連携している実感、つながり感がとても大切ではないかと思います。

人間同士、自分、他者、動物、植物、自然とあらゆるものと深いつながりがあることを自認すること。生きとし生けるものが幸せでありますようにと思える感覚です。「この世は、すべて一つである」という概念を受け容れ、自分も他者も区別せずに捉えることができたら、世界中、対立や闘争ではなくて、調和や連携によって社会を築くことができます。そして、過去・現在・未来をつないでいくつながり。この思いのベースができれば、人間として幸せを感じる下地づくりができてきます。皆がつながり、自らも他者も尊重し、大切にして愛することができるでしょう。

確かな地図を手に見えざる心の道を歩んでいく。それがこの境地にたどり着く確実な方法であり、その結果、人は心の安定を手に入れることができます。

　このことを踏まえて次の章では、悩み、苦しみを取り除き、幸せを感じていく人間力の高め方について、五つの力を基に、踏み込んで考えていきたいと思います。

第三章

幸せを感じる
人間力の高め方

日常の中で人間力を高める5つのメソッド

ここまで「幸せとは何か」という問いを通じて、ＡＩとも動物とも違う人間らしい生き方について考えてきました。

周囲がうらやむような暮らしを手にしたとしても、身近な誰からも愛されず、必要とされずに生きている人が本当に幸せと言えるでしょうか。

どれだけ多くの財産に囲まれても、「自分は今、幸せだ」と実感することができなければ、幸せとは言えないでしょう。

幸せは何かを得た結果として、ある日突然にもたらされるのではありません。それはもう、皆さんの足元にたくさん眠っています。

幸せは結果ではなく、自分以外の誰かを喜ばせ、輝かせようと日々創意工夫を重ねながら自分を磨き、心を磨く。そのプロセスの中にこそあるのです。必要なのは、幸せを感じる心の力、人間にしか持ちえない精神の力です。

本書では、この幸せの鍵を握る「心」の取り扱い方を理解し、よりよく働かせていくための総合的な能力を「人間力」と呼びます。

総合的というだけあって、人間力はさまざまな要素から形づくられています。その要素一つひとつの特性をよく理解し、最適なトレーニングを積むことによって誰でも着実に人間力を高めることができるのです。

その必須の要素とは次の五つに整理できます。

①省《かえり》みる力
②惜《お》しむ力
③与える力
④受け容れる力
⑤高みをめざす力

どれも人間の内奥にあって目には見えず、量ることもできませんが、意識して高めることによって日々の仕事や生活のあらゆる場面にその効果が表れてきます。

ここからは、五つの要素を一つずつ具体的に見ていきましょう。

①省みる力――「なぜか」

他責でなくて自責で生きる

皆さんは、何か失敗したとき、思いどおりにいかないことがあったとき、どのように考える癖があるでしょうか。

ああしていなければ、こうしていなければ、あれのせいで、と誰かや何かに原因を求めてしまっていませんか。

人間力のある人は、何か問題が起きたときや壁にぶつかったとき、原因は自分以外の人や環境にあると他責にせず、すべての原因は自分にあると自責で考えることができます。つまり「自らを省みる」ことができます。

人間は、原因の矢印を自分へ向かわせず、無意識に楽な方向へ逃げるもの。

たとえ問題を自認したとしても、その原因について悪いのは自分ではなく、自分以外の何かであると責任をすり替える。たとえ自分だと気がついていても、深く追及していくと自分が苦しくなるので深追いをしない。本当は自分に乗り越えるべき課題があると気づいていても、環境のせい、社会のせい、会社やお客様のせいと責任転嫁する……。

日本人の人間力の根本には、すべての物事の責任は自分にあると省みる「自責」の考え方があります。

私は現在、マネジメントコンサルタントとして活動する一方、海外の優秀な人材を即戦力として求める日本企業に紹介し、育成する事業をしています。

自責の考え方は、日本で働くことが決まった海外の若者に最初に伝えていることです。理解してもらうのは簡単なことではありませんが、大事な考え方ですので時間をかけて理解してもらっています。

働き始めると、外国人か日本人かに関係なく、何かしらの壁が現れます。大切なのは、そのときにどう考えるかです。

弊社は、ものづくりで世界的にも有名な新潟県燕《つばめ》市で外国人人材の採用・育成のアドバイザーをさせていただいております。

先日、入社半年目の外国人人材の方々と面談した際に、次のようなことを伝えられました。

「最後の磨きの工程で、海外では少しぐらい製品に磨き残しがあっても問題なく流通します。でも、日本では少しでも磨けていない部分があるとか詰めが甘いとすべてクレームになります。品質へのこだわりが道を究《きわ》めることにもつながっていて、すべて職人が自分の責任において完全なものへ仕上げていくことに、深い感動を覚えました」

「加工や磨きの一つひとつの工程に魂を込めているように感じました」

「神は細部に宿る」という言葉もあるように、手を抜かず、細心の注意を払って仕事をやり遂げる習慣を日本人は誇りにしていました。

そして、本来の日本人は物事がうまくいかなかった責任を、上司の教え方が悪いから、機械の調子が悪いから、慣れていないせいなどと自分以外になすりつけることをしませんでした。

自分の力不足、自分の責任として向き合い、課題を解決する努力を惜《お》しみませんでした。技術立国として、仕事に志と誇りと責任があったのです。燕市にはその精神が残っています。高い志を持ち、道を究めようとするその姿に海外の若者は感化され、自身のやる気とエネルギーを引き出され、人間力が磨かれていきました。

しかし、最近では海外の若者にこうした日本人の「自らを省みる」人間力を伝えられない状況になりつつあります。

問題を抱える企業をコンサルティングしていると、共通して「他責の風土」があることに気がつきます。売上げが上がらないのは会社のせい、環境のせい。確かに要因の一部はそうかもしれませんが、社会が悪い、上司が悪い、お客様が悪いと、物事の原因や責任はすべて他者にあると責めてみたところで課題は解決しません。

日本人が自分の内に深く省みて、自責ですべてを考えることを忘れたのはビジネスの領域だけではありません。「もう歳だから……」「仕組みがないから……」「メディアのせいで……」「政治が動かないから……」。そうかもしれませんが、他責で不平不満を言い続けていても決して物事はよい方向へは変化しません。

他責から自責へ自分を顧《かえり》みる。自責は自分を責めることではありません。自分の責任であると考えることです。

世界が憧れる人間力の根本を今一度、見直したいものです。

自分に克つ

四十代半ば、コンサルタントとして多くの企業の支援をするようになった私は、ある壁にぶつかりました。

それは、コンサルタントとしてお客様に厳しいことをストレートに言えないということでした。

企業や人を目的地まで導く存在としてのコンサルタントは、ときに相手を叱咤激励《しったげきれい》し、途中で言い訳をして逃げ出しそうになったときはピシッと背中をたたき、叱責《しっせき》、糺《ただ》すことも必要です。

しかし、いざという場面でどうしても相手に厳しくできない自分に気がつきました。支援をする中で、もう少し頑張ったら成果が出るのにと思うような場面で相手が弱音を吐くと、「よくここまで頑張りましたね」「前より少しよくなりましたね。一歩ずつ進みましょう」と甘い言葉やほめ言葉で終わっていて、相手のあるべき姿を引き下げていたのです。

本当はもっと引き上げられるのに、その人や企業が更なる高みをめざせるように導くのがコンサルタントの仕事なのに、その人や企業の可能性を心から信じられていなかったのです。

コンサルタントとしてお金をいただき相手を導く側なのに、なぜ私は厳しさを持ってもう一歩を踏み込めないのだろう。

とことん真剣に考え、鋭く、厳しく、そして愛を持って言えないのだろうか。

初めてそんな弱い自分、臆病な自分に気づいてしまったときは葛藤し、苦しみました。「相手も頑張っているのだからいいのではないか」「そもそも私はこういう人間なのだからしょうがない」と、最初は言い訳ばかりがあふれて止まりませんでした。

人に厳しくできない理由を「なぜ、なぜ」と、自分の内側を掘り下げていきました。するとその背景には、〝お客様に不快な思いをさせてはいけない〟という客室乗務員時代に大切にしていた働き方があるのだと気づかされました。

私の中の〝お客様に不快な思いをさせてはいけない〟はいつしか、相手に嫌われたくない、失敗したくない、馬鹿にされたくない、恥をかきたくない、プライドが傷つきたくない……そんな臆病さに姿を変えて、心を縛る原因になっていたのです。

人に嫌われることを恐れる臆病な自分に克《か》てなければ、人にも厳しくできません。深い自己反省によって厳しく自己を検討することは必ずしも楽しいことではありません。外的なものに動かされずに意思の力で己を制し、主体性を持って動くことも簡単なことではありません。

今も臆病な自分との戦いは続いています。自らを欺《あざむ》かず、ごまかさず、よろめきながら何度も挫折しながらも立ち上がる勇気を持ち、弱い心に打ち克って生きていきたいものです。

独りを慎む

心を省みるには、孤独が必要です。

中国の古典『大学』に、「君子は必ずその独りを慎《つつし》む」とあります。これは、徳のある人は、他人といるときでも一人でいるときでも自分の行いを慎み、心を正しくしていること。誰のものでもない、自分だけが知っている自分の心を慎むことを教えています。

孤独というと「寂しい」「怖い」などネガティブなイメージが強いため、孤独自体をあまりよくないものと捉えがちです。

人は一人では生きていけないとも言われます。私たち人間は弱いので、「誰かとつながっていたい」「誰かに助けてもらおう」という心が顔を出すこともあるでしょう。

しかし、私たちは一人で生まれ、日々変化を繰り返し、そして一人で亡くなっていきます。本来、すべての人が孤独の寂しさを抱えているのです。

孤立ではなくて孤独は人間にとって必要です。その孤独の中で、自分自身の内に声をかけていきます。

誰も見ていないから、まあいいかと心がだらしない状態になっていないか。
誰にも見せることのない心の引き出しは乱れていないか。
誰が見ているからではなく、私は私を慎めているだろうか。

私は今でも、「さっきはあんなことを考えてしまった。自分の器がまだまだ小さくて恥ずかしい。でも今度はこんなふうにしよう」と、葛藤しては自らを慎む日々です。
私たち人間は不完全な存在ですから、うまくいかないこともたくさんあります。失敗をしてはその思いと葛藤して、葛藤を受けて「よし、また頑張ろう」と立ち上がる。人生は、そんなことの繰り返しだと思うのです。

②惜しむ力――「もったいない」

ケチとは違う惜しむ力

「もったいない」は日本独特の感覚で、英語では適した訳が見つからないそうです。人間力が高い人は「もったいない」の精神を大切にできる人でもあります。

江戸時代に心学を提唱した石田梅岩は、「倹約」を徳の一つとして重んじました。倹約といっても、ケチをして私財を貯えよ、ということではありません。

梅岩はこう説いています。

「自分のために物事を節約することではない。人のため、世の中のために、従来は三つ必要だったものを二つで済ませるようにすることを倹約と言うのである」（『石田先生語録』）。

現代で言えば、水や石油といった限りある地球資源のことを考え、これまで三つ必要としていたところを工夫により二つで事足りるようにした、となれば倹約ですね。

日本には、与えられた自然の恵みに感謝し、ものの命を生かしきろうとする「もったいない」の思想が息づいています。「もっともっと」と求め続ける人間の欲望には際限がありません。自分が生きていくうえで必要な分量をわきまえ、自制し、余力を持って他を生かす。時間も資源も使い尽くさない。このような惜しむ心は我慢する心、抑制力から生まれます。

そもそも日本には「不足の美」という美意識があります。足りないことを不足と思わず、想像力を働かせることで不完全の中に美しさを見いだす感性です。

茶道もその精神を大事にしています。華美でぜいたくな装飾、道具を好まず、飾らない、不自然なことはあえてしない「わび、さび」を大切にした文化です。茶道のお点前《てまえ》には無駄な動きは一切ありません。余分な動きをなくすことで美しいフォームが完成されます。その動きの中で心の迷いを取り除き、究極は無心の境地に至るのです。

何かを「引く」ことで、逆にそこに何かあることを感じさせる優美さ。日常生活でも相手に「お先にどうぞ」と一歩譲ることや、言いたいことを漏らさず言い尽くすのではなく、「笑顔でじっと黙っている」ことも、この〝引き算の美学〟と言えるのではないでしょうか。

物や知識を増やすだけでなく、引いて引いて最後に残る「光」を磨き、研《と》ぎ澄ます。引くことで光ることをめざす「惜しむ力」によって、人は本当の豊かさを味わうことができるのだと思います。

「惜しむ力」は、「自分以外の誰かのために」という思いが原動力となって発揮されるものです。この惜しむことこそが「幸せ」を増やす出発点であると説いたのが、作家の幸田露伴です。

露伴は、幸せを引き寄せるためには「惜福《せきふく》」「分福《ぶんぷく》」「植福《しょくふく》」の幸福三説なる三つの工夫が必要だと説きました。

「惜福」とは文字どおり福を惜しむことで、後々のことも考えてこれを使い尽くしてしまわないことです。

次の「分福」とは、惜福より一歩進んで自分の得た福を他人に分かち与えること。

そして「植福」とは、自分の持っている福、つまり自分の力や知識、時間などを用いて、世の中の福利を増進するために貢献することです。

露伴はこの幸福三説をリンゴの木にたとえ、次のように説明しています。

家の庭に、大きなリンゴの木があったとします。その木をむやみに多産しないで木の健康や繁栄に気を配って、将来にわたっておいしい実が収穫できるよう長持ちさせるのが「惜福」です。また、立派に育ったリンゴを独り占めすることなく、身近な人たちに分け与えることが「分福」。そして、リンゴの種をまき、水や肥料を与えながら将来、実のなる成木に育てることが「植福」です。

一株のリンゴの木を惜しんで大切にすることで、そこから数十、数百の実がなり、さらにその実を大切に育てることで複数の新しい木々が育っていく。

自分だけで使い尽くすという考え方に、幸せは巡ってきません。自分を抑えて人に譲る。誰かのために「惜しむ力」が人間力を高め、やがて幸せを引き寄せます。

母親みたいな倹約じょうず

私がCOOを務めるパッションジャパンのCMO（最高マーケティング責任者）でSDGs（持続可能な開発目標）コンサルタントとして活躍する藤倉克己《ふじくらかつみ》は、アメリカ発の世界的なアウトドアブランド「パタゴニア」の日本支社長を務めた経歴を持っています。

パタゴニアといえば、SDGsが叫ばれるはるか以前から、大量消費による資源の浪費を避け「子供たちに住むことのできる世界」を遺《のこ》すことをビジョンに掲げて、活動してきたことで知られています。

かつて高機能なフリースが大ヒットしたときのこと。売れれば売れるほど原料の化石燃料を消費し、環境に悪影響を与えてしまうジレンマに直面したパタゴニアは、コスト増をいとわず、リサイクル原料のみでフリースをつくることを決断します。

藤倉によると、パタゴニアはそのとき、フリースの原料をあえて消費者が使い終えたペットボトルの回収を通じて調達することにこだわったのだそうです。

経済的な利益を多少損なっても、後々のことを考えて原料を変え、世界の環境意識を高める調達方法を選択する。そんなパタゴニアの姿勢は消費者に支持され、ブランドは成長を続けています。

このパタゴニアについて藤倉が講演などでもよく口にするのが「パタゴニアは母親みたいに倹約じょうず」という言葉です。どういうことでしょうか。

昔の多くの母親は余裕があろうがなかろうが先のことを考えて「今はこれを使わないでおこう。今、これで頑張ろう」と無駄遣いを極力しないで生活してきました。パタゴニアにおいても「未来のために経費を少なくして頑張ろう」の精神が生きています。

会社が何をめざしているのか、今の経営状況はどうなっているのか、何がうまくいき何がうまくいっていないのか――。広い範囲の人々と共有していく透明性を確保しています。ですので、社員たちは言われなくても自分たちが成し遂げるべきものは何であるのか理解したうえで、「ちょっと頑張って今をしのいでいこう」という精神が生き続けています。

かつて倹約が家族の結びつきを強くしていたのと同じように、会社においてもチームワークを高めることにつながっていたようです。

惜しむ思いを起点に広がる「三方よし」

石田梅岩は「真の商人は先も立ち、我も立つことを思うなり」と説いています。パタゴニアの事業はまさに「三方よし」ではないでしょうか。

かつて近江国《おうみのくに》（現在の滋賀県）から全国へ行商して歩いた近江商人は「売り手よし、買い手よし、世間よし」を心得とし、売り手である自分だけでなく買い手、そして社会もすべての立場にとって利益のある商《あきな》いをめざしたと言われます。

お客様を無視し、取引先を犠牲にして、自分だけ利益を得続けられるビジネスなどありえません。また、自分と相手の二者だけがうまく利益を得られたとしても、それによって犠牲になる人が出たり、地球環境がダメージを受けるようなら社会がそれを許さないでしょう。

売り手や買い手と限定せず、「自分よし、相手よし、第三者よし」と捉えると、「三方よし」は単なる商品の売り買いの心得ではなく、ビジネスのあらゆる局面の判断に役立てられます。

サステナブルな経営が求められる昨今では、それに加えて「未来よし」の視点も必要でしょう。

未来の子供たちのために資源を「惜しむ」思いが起点となって、広がり続けるパタゴニアの「三方よし」。

ビジネスも人生も本質は同じでしょう。大本に「人間力」がなければ、人や社会とともに自身が幸せになる生き方、働き方は実現できません。「惜しむ力」はその人間力を形づくる重要な要素です。

③与える力――「何ができるか」

満ち足りていなくても自分から与えられる人に

人間力の高い人は、いつも周囲に喜びや安心を与えることができます。倹約したものを他者に与えようとするとき、そのエネルギーの源となるものが自分がこれまで与えられてきたものです。

私たちが命を授かってから今まで、すでに多くのものを与えられています。まだ生きるとは何かもわからない幼いころ、私たち人間が最初に与えられるものは、親の微笑《ほほえ》みという純粋な愛情です。

親とは、必要なものや危険なことなど、さまざまなことを気にかけて私たちを守ってくれる存在ですが、幼いころはその意味や価値を理解できるはずもありません。ただただその微笑みは記憶の奥深くに残り、大人になっても思い出すと胸の奥がじんわりと温かくなります。親と子の温かな微笑みのやり取りは、その後のすべての人間関係の基礎にもなっていきます。命、親、家族の他にも仲間、友だち、仕事、遊び、やりがいなど多くのものを与えられてきました。

そして次は、いよいよ自分の内から湧き出るよいエネルギーを与える幸せを感じる番です。よいエネルギーとは、笑顔、喜び、感謝、希望、肯定、尊重、思いやり、励ましといった、人を育てる愛のある前向きな力です。

後世によきものを「与える生き方」へと生き方を変えることが、人間力を高めるための鍵になります。

「与える生き方」を提案すると、「自分の生活で手いっぱいなのに、人に与えるなんてとんでもない」「まずは自分自身の心身が満たされることが先。そこに余力があれば与えられる」とおっしゃる方がほとんどです。

たしかに、蛇口をひねって出てきた水でコップがいっぱいになれば自然と外へあふれ出ますね。物質的な豊かさが満たされ、心が幸せや穏やかさでしっかりと満たされたら、そこからあふれ出た分だけを自分以外の誰かに分け与えられるという考え方もあるでしょう。

では、心のコップはいつ満ちるのでしょうか。

人生の四季にはそれぞれのよさがあり、そのときどきでやるべきことがあるのでしたね。人は何歳になっても、どのような立場でも、そのときどきでやるべきことや学ぶことがあり、そのたびに成長していきます。そのように考えると、心のコップは永遠に満たされることがないのかもしれません。

いっぱいに満ち足りていなくても自分から与えられるものはなんだろうか。そう考えられるといいですね。特に人を導く立場にある人においては、分福を実践することで自然と皆が心を寄せるようになっていきます。

よいエネルギーを与える祈り

実際に手を差し伸べることや言葉をかけることが叶《かな》わないときには、祈ることも行動の一つの形です。

自然災害といった大きな困難から、受験や出産といった大切な節目、はたまた日常での出来事に至るまで、離れた知人や家族が困難な状況にあるとき、私たちは直接手助けができません。心配する気持ちばかりが大きくなり落ち着きません。

私たちは、他人の幸せのために何かしてあげたいと思っても、時間的な制約や状況が許さないなど、すぐにできない場合が多いものです。でも、祈ることは違います。祈ることは、誰でもどんな状況でも、いつでも、どこでも行える行動です。

「幸せになりますように」
「喜んでくれますように」
「無事でありますように」

相手のことを優しい気持ちで思い続けるということ、祈りはよいエネルギーを与えることです。

人は祈ることで相手の安全と幸せを願い、大切な人がどうかこの困難を乗り越えられますようにと力を送ることができます。祈りは、大切な人に最善をもたらす見えない力を与えることです。

今日一日、どれだけ喜びをもたらせたか

世の中は鏡のようなものです。講演会で私が落ち着いて笑顔で話し始めると、相手もニコニコと柔らかな顔になります。その表情を見て私もまたホッと安心すると、その場には穏やかな空気が満ちあふれます。

反対に、今日は皆様が自ら変革していただくような厳しい話をお伝えしなければならないようなとき、どうにかわからせようと説き伏せる気持ちでいたり、過度に緊張していたりしたら、相手も堅苦しく険しい顔になるでしょう。警戒されて心の扉を閉ざされたままでは、いくらアドバイスをしたところで受け容れてもらえません。

母親が子供に優しいまなざしを向けると、子供からも優しいまなざしが返ってくるのと同じです。

同じように、夫婦も鏡です。「夫があれをしてくれない」「妻がこれをしてくれない」と、相手のことを非難していないでしょうか。非難したことで相手も気分を害し、お互いに気まずくなってしまった、そのような経験はありませんか？

今度相手を非難しそうになったとき、自分がどんな表情で非難しているのか、ぜひ自分の顔を確認してみてください。鏡に映ったその顔はびっくりするほど醜《みにく》いものです。笑顔で人を非難する人はいませんから。

こちらが笑えば相手も笑う。怒れば相手も怒り出します。こちらが不快になれば相手も結局は不快になります。二人の間には鏡があって、同じような表情や思いになるのですから、できれば明るく穏やかに楽しく幸せを感じて生きていきたいものです。それは相手にそうなってほしいと求めるのではなくて、自分がそうしていくのが賢明です。

「今日一日、喜びをもたらしたか？」

自分に問いかけてみましょう。親切心は幸せへの近道です。

未来に種をまく

日本にはかつて「子々孫々に思いを馳せ」という言葉がありました。地球環境破壊、自然災害など温暖化問題のみならず、社会問題、国際問題も深刻化している現状を目《ま》の当たりにして、今を生きるわれわれは地球を守るために後世にいったいどのような世の中を遺すことができるのでしょうか。

イロコイ族というアメリカンインディアンに伝わる教えがあります。

「自分たちが何かを行うとき、七世代先まで考えて決めなければならない」

七世代先とは約二百年先の未来。一本の木を切るのも、土地を切り拓くのも、二百年先に生きる子孫のためによいことなのかどうかを考えて判断するというのです。

そこには、祖先、先人が苦労してこの世界を今に遺してくれたことへの感謝があり、今をつなぎたい未来があります。

今だけよければいい、自分だけよければいいという目先の損得勘定とは真逆の考え方です。

残念ながら、今判断したことで二百年先がどう変わるのか、自分の目で確認することはできません。それでも、自分の子孫だけでなく、後世までが幸せであるようにと使命感を持ち、日々判断し、行動したいものです。

また、ほんの少しのエコ生活を始めてみることもいいでしょう。人への優しい声かけや笑顔を心がけることくらいはその気になれば誰にでもできますね。このくらいと思うことでも必要としている人にとってはどれほどの幸福となることでしょうか。

最初に植えた小さな種子がいずれ大きな大木になるように、ほんの小さな福を植えたとしても、その福は必ず大きくなっていきます。

④受け容れる力――「そうきましたか」

あるがままを受け容れる

人間力の高い人とは、都合のいいことや心地よいこと、自分が聞きたいことだけを受け容れるのではなく、厳しいこと、自分を取り巻く不条理など、すべてを受け容れることができる人です。

自分にとってよいことも悪いこともすべて受け容れるようにしていくにはかなりの覚悟がいるものです。

「こうあるべき」と思わずにあるがままを受け容れることとは、無関心になれ、鈍感になれということではありません。

例えば、「この人の考えは自分と全然違う」「なんでわかってくれないのだろうか」「これくらいのこと理解してくれればいいのに」と感じることはよくあることだと思います。また私たちは「きっと相手もそう思っている」と思い込み、自分中心に物事を考えてしまいがちです。

私も含めて多くの人がありのまま、あるがままを見ていません。「こうあってほしい」「こうあるべき」と自分が決めつけ、自分のフィルターを通してしか見ることができない「わがまま」な状態に陥っています。自分にとって都合の悪いこと、認めたくない事実を否定します。

さらにそれを言葉にして自己主張したがゆえに、衝突してしまった。そんな経験もあると思います。相手をにらみつけ、険しい顔で反発、反論をして心を閉ざしていくと、人間関係を損ない、心が不安定となり、心は乱れた状態で幸せは到底感じられません。

そもそも人は価値観も考え方もそれぞれです。同じ意見にならないのは当たり前。相手が何を言っているのか、何が言いたいのかを想像しながら静かに受け止める。そして、イライラする前に相手の心に思いを寄せてみる。そのうえで、相手が伝えたいこと、自分の考えとの相違や共通点などを味わい、相手に向けていた矢印を自分に向けることができるようになると、波立っていた心は穏やかになっていきます。

自分の思いも大切にしながら、相手の気持ちにも寄り添う。相手を受け容れ、慮《おもんぱか》ることで他者と良好な「和」の世界を築くことができると心は安らいでいきます。

また、すべてを受け容れていくには高みにいてはできません。

「下座《げざ》」という言葉があります。これは、自分の身を他人よりも低い位置に置き、不平不満を言わず、どのような状況も感謝で受け容れる心得のことを言います。自己中心的な価値観を持っているようではエゴが出てきて、謙虚な姿勢にはなれません。

上へ上へと昇り続けることだけに夢中になるのではなく、下座で下へ下へと降りて相手を敬う。人を下から支えて見守る。名誉や地位に関係なく「下座に生きる」。自分を人よりも一段低い位置に置き、身を低く、頭を低くしてわが身の修養に励むことは簡単なことではありませんが、その習慣が受け容れる力を高めます。

不都合を受け容れる

問題の渦中にいるときや人間関係で苦しんでいるとき、多くの人はこの状況を受け容れたくないものです。そもそも問題を見ないようにしたり、ごまかしたり、問題を問題と自認できないことが一番の問題です。

人間は、苦しいことや大変なことはなるべく避けてとおりたいと思います。まして間違いや欠点は他人に指摘されたくありませんし、赤裸々《せきらら》にされて追い込まれたくありません。

ですが、よく考えてみれば人間の悩みや苦しみの根源はどのような場面においても自分自身の内にあるものです。私たちの悩みや苦しみは、自分の内にある不満や反発心が原因になっていることがほとんど。私自身、今も折々に甘い自分が顔を出しては葛藤する毎日ですから、その気持ちはよくわかります。

理不尽なこと、思いがけないこと、困ったこと、不都合なことは、誰か特定の人だけに起こるのではなく誰にでも起こります。同じ出来事でも「困った」「不都合だ」と感じる人もいれば、「今こそ成長のチャンス」と前向きに受け取る人もいます。その差を分けるものはいったいなんでしょうか。

それは「受け容れる力」の差です。

そもそも、困ったと思うのも思わないのも、不都合だと感じるのも感じないのもすべては自分の心が決めることです。人は困ったときほど自分をごまかしたくなります。自分に都合よく物事を見る心の癖があります。心の癖は習慣になり、日々の行動を左右して、人生そのものに影響します。

大切なのは自分自身に向き合って素直になること。自分の中に問題や苦しみを生み出している要因を見つけることです。そして起こってしまったことにこだわりすぎないことです。どんなにこだわったところで、問題が起こる前に時を戻すことはできませんし、未来に何が起きるかは誰にもわかりません。

最近になり、私はようやく困難も理不尽さも「すべての物事は、完璧なタイミングで起こっている」と思えるようになりました。今、必要だから私のところにこのことがきていると考えるようにしています。こう考えられるようになると、本当の意味で人生を楽に生きられます。

「意味があるから起きている」

そう受け容れると心がスッと楽になり、納得がいきます。

感謝して受け容れる

受け容れる力のある人は、すべての出来事、偶然の出会い、逆境に対してさえも感謝を口にします。

とにかく感謝することがじょうず。それが人間力の高い人に見られる共通点です。

「ありがとう」が口癖になっている人と、そうでない人。感謝の気持ちをあえて口に出さない人もいれば、出せない人もいるでしょう。

逆に自分が人のために何かをしたときに「ありがとう」の言葉がなかったら……。「せっかくしてあげたのに、感謝の言葉くらいほしいよね」と思ってしまいますね。真に人間力が高い人は、感謝の言葉も期待しないものですが、なかなかそうはいきません。

「ありがたい」の本来の意味は、「有難い」つまり、「有ることが難しい」。だからこそ尊く、感謝しようと解釈することができますね。

「有難い」をひっくり返してみると「難有り」になります。つまり思いもしなかった困難なことが起きたときに、ありがたいと思えるかどうか。私はそこにこそ「人間力」の真髄があるように思います。

「こんなことさえなければ幸せだったのに」

そうやって不運を嘆くのではなく、人間力の高い人は「あの経験を乗り越えたからこそ、今の自分がある」「あのことがなければこんな喜びは感じられなかった」と難を受け容れ、逆に「ありがたい。なぜならば……」と置き換えることができます。

素直に歓迎することができない難義に対し感謝することで、心の平和ははじめて得られるものです。「困った、無理だ」ではなくて、にこにこ顔で「ありがとう。で、どうする？」を口癖にして生きていきましょう。

⑤高みをめざす力──「どうあるべきか」

高いところに目的を置いて生きる

人間力のある人は、心はいつまでも成長できることを知っています。歩く道にも高い道と低い道があります。自分自身の心と向き合い、自分を慎み、良心をきちんと働かすことができただろうかと自分に問いかけ、自分の心を掘り下げていく。そんな「高みをめざす歩み」ができるかどうかが、人間力の分かれ目です。

人に善きことをしたときに、自分の利益や自己満足という「利」のためにやったのか、それとも人や世の中という「義」のためにやったのか。

人間力の高い人は、「義」のために行動します。人に認められなくても、賞賛を得られなくても、感謝されなくても、よいことを人知れずしていこうと努力し続けるのです。高いところに目的を置いて生きようとします。

体の成長には限界がありますが、心の成長には無限の可能性が広がっています。誰もがスポーツで世界一になるような最高の身体をめざすことは難しいですが、心の成長には制限がありません。それは誰もがいつまでも自分自身のあるべき姿を高め続けられることを意味します。

何か自分がよいことをした際に「高み」の究極は、人に自分をほめさせまい、礼を言わせまいと思い、善を成しても善たるものを意識しなくなったなら、それが本当の最上善だと思うのです。

あなたはよき人ですか

「それであなた、今、よき人なんですか?」

このようなことを問いかけられたことはありますか。こう言われたら誰でもちょっとカチンときますよね。それはコンサルタントに転身して間もないころ、弊社の代表から投げかけられた言葉でした。

私の場合は、「今でも十分いい人です」と心の中で反論しました。しかし、本当にそうだろうかと思い直すと、自信を持って答えられない自分がいたのです。

客室乗務員として社会人生活が始まり、その後、研修講師として、コンサルタントとして人のお役に立てる人になりたいと思い活動していました。「先生」と呼ばれ、よさそうなことをお伝えし、活躍しているつもりになっていました。喜ばれ、リピーター率も上がり、それで社会をよくするよき人になったと勘違いしていました。

その当時を振り返ると、お恥ずかしながら驕《おご》る気持ちもあったように思います。投げかけられたこのひと言は衝撃的で、心を見透《す》かされたような思いがしました。

彼の洞察は鋭く、その後も続き、そのおかげで私は自分がどのように生きたいのか、何をしたいのかがハッキリと描けるようになりました。

かつて、よき人でありたいと表面的な薄っぺらな思いを語っていた私は今、自分の見えざる心を高め、エンライトメンターとなってエネルギッシュに、出会う方にとっての光になりたいと希望に燃えています。エンライトメンターとは、「照らす」を意味するエンライトメントにちなんだ「輝かせる人」という意味の私の造語です。

長く真っ暗なトンネルが続くと、出口の光が見えたときにホッとするように、人生という旅路の途中で道に迷ったときの光になりたい。光を見たら元気になれた、もう一度頑張ろうと思ってもらえるような人でありたい。それが今、私のありたい姿であり、使命と思っています。

本来なら人生は自分で自分を磨いて輝かせるのが一番ですが、人とのかかわり合いの中で磨かれ、輝き出すこともあるでしょう。自然と周りを照らせるような、エネルギッシュに光り輝く私でありたいと思っています。

一生を尽くしても会うべき人がいる

生涯を通じて高みをめざそうとする人は、その過程の中で自分の使命、やるべきこと必ず出合います。

以前訪れた京都のあるお寺の黒板に「たとえ一生を尽くしても会わなければいけない人がいる。それは私自身」と書かれていました。

本当の自分とはどういう人間なのか、どうあるべきなのか――。自分のあるべき像がここでいう〝私自身〟なのだと思います。

当然ながら自分らしく生きるとは、自分勝手に生きる、自己中心的に生きるということではありません。自分の内面を掘り下げ、自分の価値を見いだし、認め、自分に期待し、命を燃やして生きることです。

では、どのように自分らしさを発見していけばいいのか、次の問いをご自分に投げかけてみてください。

「自分はどう生きてきただろうか？」
「大切にしてきたことは何だろう？」
「楽しいと感じるのはどんなとき？」
「ずっとやってみたいけれど、できていないことはあるだろうか？」

「自分の好きなところと嫌いなところはどこ？」

「他人の言動で気になることはなんだろう？」

「（さらにそこから深めて）自分はこれからどう生きたいのだろう？」

「（そのために）日々心がける意識と行動とはなんだろう？」

このように、深く内なる自分に問いかけて考えてみましょう。

あなたの器はまだ小さい

人は優しさや温かい言葉だけで伸びるわけではありません。相手を次の段階に引き上げるために必要なもの、相手が望むことを叶えるために提供できるものを考えることも必要です。相手が心から望んでいることをよく観察し、感じ取ることが欠かせません。

私は、またもや代表から「あなたの器はまだ小さいね」と言われたことがあります。言葉だけを正面から受け取るとかなり心が痛むひどい物言いです。

「どういうこと？」

声には出しませんが、悔しさがこみ上げてきました。

しかし思い返すと、私にとっては人生のステージをレベルアップさせようとあえて投げかけてくれる、愛情に満ちた厳しい言葉だったのです。

ただの嫌味にもとれる言葉が、なぜありがたい言葉に変わるのか。答えは、私の志を深く理解して応援してくれている人からの言葉だったからです。

器の大きさとは何で決まるのでしょうか。

器の大きさとは想像できる範囲で決まるものだと思います。どれだけ自分の可能性を信じて自分のあるべき姿を高めることができるのか、その大きさと比例します。

「人間がよりよく生きられるように、日本という国をもっとよくしたいという志を抱いているあなたが、その程度のところで立ち止まっていていいの？　その程度の器の大きさで人を支援できるの？」

「器が小さい」

この辛辣《しんらつ》な言葉から、その裏にある熱いメッセージを受け取りました。私がどのように自分自身を成長させたいのか、何をめざしているのかを理解しているからこそ、「小さくまとまって、今の自分で満足しているんじゃない」「あなたの限界はここではない。もっと高みをめざすべきだ」と、あえて厳しい言葉で私を引っ張り上げようとしてくれていたのです。

厳しい言葉に、人として痛いところを突かれて嫌な思いもしましたが、「器が小さい」という言葉に奮起したのは確かであり、私にとっては節目となりました。「どうあるべきか？」と常にあるべき姿から考える。ありがたいことに、失敗しながらも挑戦し続けられていることに今、とても幸せを感じています。

第四章

【実践編】
悪習を変える礼儀習慣

人間は心を変えれば行動が変わり、やがて習慣が変わります。人間力を高める一番の方法は、よい習慣を身につけること。

皆さんはどのような習慣がありますか？

よい習慣も変えたいと思っている悪習慣もあるでしょう。悪習慣を変えるには、新しいよき行動を続け、よい習慣にしていくしかありません。

人が習慣をつくり、習慣が人をつくっていきます。よい習慣がある人は幸せを感じ、よき人生を送ることができるでしょう。

礼儀の意味

ここまで、目に見えない心を磨き、人間力を高めることの意味や価値、その要素について見てきました。

「それはわかったけれど、具体的に何から始めたらいいの？」

「今までなかなか行動に移せなかった私が、変われるものだろうか」

そう感じる方もいることでしょう。

この章では、人間力を高めるために、今日から誰でも始めることのできる具体的な取り組みについて「礼儀」をキーワードに見ていきます。

人間は社会的な生き物と言われます。

他者と協力し、交流し、共感し合うことで高度な文明を築き、繁栄をしてきました。

他者から何を受け取り、何を与えていくか。

ここまで見てきた人間力とは、よき人間関係を築く力とも言い換えられます。

人間関係で最も大切なこと。それは「礼儀」だと思います。礼儀とは人間関係を良好にし、人生を良質にするために古《いにしえ》より大切にされてきた「型」です。

この「型」は、精神・心があふれて表に出たものだと私は思います。この礼儀の型をしっかり体現し、そこに心を込めることで、「礼儀」に魂が乗ってきます。

自分を整える軸がわからなくなってしまったときは、まず自分自身の「礼儀」を整えてみましょう。そしてそこに心を添えてみましょう。

「人間力」と「礼儀」にどのような関係があるのでしょうか。

「礼」という字の旧字体は「禮」と書きます。本来は神に仕《つか》える人が進むべき道のことを意味しているそうですが、「示」と「豊」から成り立っていますので、私は豊かな心を示すことが「礼」の本質だと思っています。

いったい「礼」とはどのようなものでしょうか。中国の古典『礼記《らいき》』には「礼は回《まが》れるを釈《す》て、美質を増す」という言葉があります。

礼が身についていない状態だと人の心は曲がってしまっていて、礼が身につくようになると心がまっすぐになり、曲がっているところがなくなるとその人が本来持っているよいところが発見でき、伸ばしていけるということです。

誰でも自分では気づいていないよきところ、美質がたくさんありますから、そこに気づいて伸ばしていきたいですね。

また『論語』には「礼」がたびたび登場します。孔子は何も儀礼や制度のことだけを言っているのではなく、「仁」、すなわち他者に対する思いやりの心を持って人と接することの大切さを伝えようとしたのでしょう。

「礼」は慈悲と謙譲の心から生まれ、人の感情を察する優しい思いから動き出すものであり、「克己復礼《こっきふくれい》」とは己に克ちて礼に返るという意味で、孔子は自己に打ち克つ人間はすべて礼にかなってくると語っています。

さて、何事も原因があって結果が生まれます。

日々己を省みて、不完全な自分を自覚し、同じように不完全な他者を受け容れ、尊重しながら生きていく。そうした心の有り様を形に示した「礼儀正しい振る舞い」という原因があってこそ、好感や信頼を得ることができ、豊かな人間関係、豊かな人生という結果が生まれます。

私は客室乗務員としての経験を活《い》かし、グループ会社で接遇やコミュニケーションの講師を務め、現在はおもてなしの心を伝える作家として、礼儀作法や人間力についての講演、研修、執筆も続けています。

また、日本で働こうとする多くの優秀な外国人人材にも、これまで礼儀作法についてお伝えしてきました。そこでは、人に好感を与える「身だしなみ」や「挨拶」など個別・具体的な知識、動作についても触れますが、私が本当にお伝えしたい本質はハウッーでありません。相手を大切にする思いが形として表に出るのです。どんなに礼儀正しく振る舞っても、そこに心が伴っていなければ意味がありません。豊かに、幸せに生きていくためには、見えざる優しい心があふれ出た礼儀の基本動作ができるようになることがまず第一歩です。

【人間として生きるための礼儀習慣　初級編】

礼儀は人間として生きる基礎力を養い、人生の質を高めます。見えざる心を形に現したのが礼儀の基本動作です。

人間の幅、広さ、深みを増すには、当たり前のことが当たり前にできるように、今一度、礼儀や道徳に立ち返ることが必要です。

そんなことわかっている、新入社員でもあるまいし当たり前にできているという思い込みを一旦横に置きましょう。驕る気持ちは、的確な判断を鈍らせてしまいます。小さなことにも注意を払い、できていなければ反省し、一つひとつより質の高い生き方として丁寧に積み上げていきます。

心を込めて。祈りを込めて。

この所作を日常に繰り返すことで、自分自身の柱となる、人間としての生き方の頼りとなる柱ができてきます。習慣化できるように実践を繰り返していきましょう。

〈初級編〉

①身だしなみを清潔に保つ
②立ち振る舞いを美しくする
③周囲の人に関心を向ける
④挨拶をして敬意と承認を伝える
⑤人の話を注意深く聴く
⑥わかりやすい話し方をする
⑦人に迷惑をかけない
⑧人のアドバイスを聴き入れる
⑨人に親切にする
⑩自分のマイナスの感情を顔に出さない
⑪人を尊重する
⑫人に譲る
⑬人のあら探しをしない
⑭悪口、不平不満、妬みを言わない
⑮正直でうそを言わない
⑯損得で物事を考えない

1 身だしなみを清潔に保つ

身だしなみの重要なポイントは、なんだと思いますか？

それは「清潔・上品・控えめ」であること。姿見にご自分の姿を映して確認してみてください。おしゃれは自分が楽しむものですが、身だしなみは相手が判断するもの。「あなたを大切にしていますよ」という心の表れです。生き方、仕事ぶり、品格、人格まで出てしまうものです。ですから、老若男女すべての人に感じがいいと思ってもらえるように手間をかけなくてはなりません。

特に目立つのが頭髪です。前髪が顔や目にかかっていませんか。額と耳を出すと、すっきり明るい表情になりますね。服装では襟足、手首の汚れは目につきます。また、男性はズボンの折り目がなくなっていないか、女性はスカートの丈が短すぎないか。

基本は周囲を不快にさせないことです。周囲に配慮する心を持って身をたしなみ、人に好感を与えることで周囲に幸せを感じてもらえますね。自分がどう主張したいかではなく、相手がどう感じるかを第一にする「心替え」をしてみましょう。

2 立ち振る舞いを美しくする

日本舞踊のポイントは「手の動き」をマスターすることと言われます。指先まで神経を使った所作は美しく、見とれてしまいますね。お箸《はし》やグラスを持つとき、携帯電話を扱うとき、「どうぞこちらに」と場所を指し示すときなど、あらゆる場面で〝指先〟を意識してみましょう。

「手の所作」を美しくするポイントは次の三つです。

①手を差し出すときに指先を揃える。バラバラに広げず親指も揃える。
②物を置く際には心を込め、余韻を残して手離れする。決してサッと手を離さない。
③大きな物は両手で、小さな物は「片手で失礼します」とひと言添えて丁寧に扱う。

指先を意識すると姿勢や足運びなど、所作や立ち振る舞い全体に意識が向けられるようになります。それは内面を整えることにもつながっていくでしょう。

自分の所作を意識できる人は、他人のことにもよく気づき〝気働き〟ができるようになるもの。「手の動き」から、自分を磨いてみませんか。

3 周囲の人に関心を向ける

先日、電車に乗ったらほぼ全員がスマートフォンを見ていて、異様な光景に思わず笑ってしまいました。誰も顔を上げていません。人間力の高い人に共通する「慮《おもんぱか》る」の心は、周囲の人に関心を向けるところから始まります。

①「まあいいか」ですませない

困っていそうな人を見て、「大丈夫かな？」と気づいても「まあいいか」と見て見ぬふりをしていませんか。勇気を持って「ひと声」かける。手を差し伸べてみましょう。

②人のことを考える時間を持つ。相手の気持ちを先読みする

日本人の長所「気配り」「心配り」は気や心を相手に配ること。相手の表情、行動、言葉を感じて察して先読みして、一歩、相手に踏み込むことを意識しましょう。

③行動はスマートに「さりげなく」

「やってあげた」感はどこか相手に伝わるもの。感謝されなくても、自分がそれをできたことを喜べるMy Pleasureな人になりましょう。

4　挨拶をして敬意と承認を伝える

「挨拶なんて今さら……」と思う方もいらっしゃるでしょう。初頭効果という言葉をご存じでしょうか。第一声の声かけとお辞儀一つで、その人の印象が決まってしまうということです。たかがと思う挨拶一つに、その人の人間力が現れます。

①挨拶は「自分から先に」

相手から声をかけられる前にこちらから先に、を習慣としましょう。第一声は「ソ」の音階で。少し口角を上げて、しっかり目を見て挨拶をするよう心がけましょう。

②プラスアルファの言葉を

「おはようございます」の後に「今日も笑顔がすてきですね」「ブルーがお似合いですね」。季節や気候、相手への思いやり表現を続けると、距離がグッと縮まります。

③挨拶の言葉に「相手の幸せを祈る」心を乗せて

「いつもありがとう」という感謝とともに「今日もいい一日でありますように」「お幸せに」という心を乗せましょう。挨拶が丁寧になり、自分の心も豊かになります。

5 人の話を注意深く聴く

ほしい情報はいつでもどこでも手に入る現代。一方で、コミュニケーションを苦手とする人が増えています。うまく話そうとするより相手の話を「聴く」ほうが重要です。

①二つ話して八つ聴く

このバランスを心得ていれば、コミュニケーションは円滑になります。ほとんどの人がしゃべりすぎ。話の途中で口を挟まず、じっと聴くことから始めてみましょう。

②相手の話の真意をくみ取る

「聴」という漢字を分解すると「耳」「目」そして「心」。耳だけでなくて「目」で相手の表情を観察し、「心」で言外の真意をくみ取る「傾聴」を意識しましょう。

③感情をともにする

誰しも自分の話を「そうなんですね」と相づちしながら共感されるともっと話したくなるもの。相手の呼吸に合わせ、思いやりを送りながらの相づちを心がけましょう。

6 わかりやすい話し方をする

自分がいくら「わかりやすい」と思って話しても、相手にそう思われなければ、話は伝わりません。昨今はビジネス以外でも、人前で話をすることを「プレゼン」と言うようになりました。もっともプレゼンテーションは、たくさんの人の前で話をする場合だけを言うのではありません。一対一であろうと、自分が話したことを相手に理解させ、何かの行動を起こしてもらうために話す行為が「プレゼン」です。

では、わかりやすいプレゼンのポイントはなんでしょうか。

それは「相手がほしいものを届ける」こと。プレゼンテーションの語源は「プレゼント」。相手がほしがっている興味、関心のあるものを贈ることに本質があります。すでに持っている情報、ほしくない話を届けてもプレゼントとは言えないでしょう。

わかりやすい話し方の基本は「聴き手ありき」です。相手にどのくらい時間があり、何を大事にしてきた人か、何をしている人なのか。相手に誠実な関心を寄せ、相手の立場に立って、どうしたらほしい情報を届けられるかに気を配りましょう。

7 人に迷惑をかけない

「切磋琢磨《せっさたくま》」という言葉があります。人と接し、こすれ合ってこそ自分は磨かれるもの。どうすれば相手を喜ばせられるか、できることは何か。相手を想うその時間が心を耕《たがや》すものです。

ただし、そこには落とし穴があります。それは、よいことだからと言って相手に必ず喜ばれるとは限らないということ。相手の状況や心境もおかまいなく「こうすれば喜ぶはず」と一方的に思い込んで行動するのは「思いやり」とは言いません。独善です。押しつけられた独善は、相手にとって「迷惑」です。

人に迷惑をかけないためには、日ごろから「自分が人からしてほしくないことは、自分も人に対して行わない」ことを意識し、自分の行動を点検する習慣を持ちましょう。もしも相手が自分だったら、どう思うだろう。自分がもしこれをされたとしたら、どんな気持ちになるだろう。自分の思いは一歩引いて、相手主体で考える。

その習慣が、自分の心を豊かにし、相手や第三者との関係性を深めます。

8　人のアドバイスを聴き入れる

アドバイスを聴いて成長できる人とそうでない人、その違いはなんでしょうか。人からの助言をほしがる人は多くいます。ただ、いくら貴重な助言を得たとしても、本人がその助言を受け容れ、行動を起こさない限り、成長にはつながりません。

成長できない人の共通点は「我《が》の強さ」。〝自分が考えることは間違っていない、私が正しい〟。そんな驕りが心の壁となり、せっかくのアドバイスを跳ね返してしまうのです。そのような態度を続けていれば「どうせ、あの人に言ったところで」と思われ、誰も助言をしてくれなくなるでしょう。

「最近、助言をしてくれる人が少なくなったな」と思ったら、自分の聴く態度に問題がないか、一度、真摯《しんし》にわが身を振り返ることをおすすめします。

人間力の高い人の周りには、いつも親身にアドバイスをしてくれる応援者がたくさんいます。不完全な自分を自覚し、謙虚に何歳になっても人から学ぼうとする心の姿勢こそが、成長の源です。

9 人に親切にする

今日、あなたは周りの人に「親切」にすることができましたか。

「親切」の「切」という字には「刃物をじかに当てるくらい、近く相手に寄り添う」という意味があります。

今日の親切が、本当の意味で相手の心に寄り添ったものだったか、振り返ってみましょう。してあげたのだから「ありがとう」「助かった」と言ってもらえるはず。そのような見返りを求める気持ちが強いときは、たいてい独りよがりの親切になっています。

そもそもよい行いは誰のためにしているのでしょうか。

誰かに親切にしたり優しくすると、自分の心が温かくなり、うれしくなって、すがすがしい気分になります。そう、無意識に自分のためになっているのです。

「親切は黙って行い、見返りを期待しない」と決め、さわやかな気持ちで実行してみましょう。

10　自分のマイナスの感情を顔に出さない

私がＡＮＡに入社して間もないころ、新入社員訓練の一環で、いろいろな職種の方の講演を聴く時間がありました。講演が終わり、休憩時間になったときのこと。会場内で同期数人が他の職場の方と楽しげに雑談をはじめました。私は近くの席にいましたが正直、興味のある話ではありません。連日の訓練の疲れもあって、ボーッと気の抜けた、つまらなそうな顔をしていたのだと思います。

すると教官に名前を呼ばれました。ハッとして立ち上がると「休憩中とはいえ、人前で仏頂面《ぶっちょうづら》をするものではありません。どのようなときも自分の顔に責任を持ちなさい」とお叱りを受けたのです。思わず顔が赤くなったのを今でも思い出します。

仏の教えに「顔は心の鏡であり、心が暗ければ表情も暗くなる」という意味の言葉があります。誰でも生きていれば嫌《いや》なこと、困難なことは当たり前のようにあります。笑顔でいられないときもあるでしょう。そのようなときも、人前ではマイナス感情が顔に出ないよう「ん」と口角を少しだけ上げて「和顔《わがん》」を心がけましょう。

11 人を尊重する

人は誰でも「尊重されている」と思うと、うれしい気持ちになるもの。逆にぞんざいに扱われたり、無視されたりしたときの悲しい気持ちは、誰しも一度は経験があることではないでしょうか。

どうすれば尊重することになるのか、イメージをしづらい方はまず「相手の名前を覚える」ことから始めてみましょう。

自分にとって名前は特別なもの。名前を呼ばれたらうれしくなります。まして以前話した内容や、自分の嗜好《しこう》まで覚えてくれていたら、思わずファンになってしまいますね。相手に関する情報を記憶することは、その人を認め、尊重することにもつながります。

今日、会った方はどんなお名前だったか。以前どんな会話をしたかな？　少しでも考えて「思い出す時間」が大切なのです。「相手を思う時間＝尊重する心」と言ってもよいでしょう。あなた今日、どれだけ人を尊重できましたか？

12 人に譲る

「譲る」には二つあります。一つは、目に見える行動として譲ることができたかどうか。例えば、狭い道で対向車がきたときに「どうぞ、お先に」と道を譲る。スーパーのレジに進むとき、レストランに入るとき、ぶつからないようにとひと呼吸待って、相手が通りやすいよう譲る。「どうぞお先に」「いえいえ、どうぞ」。言われたほうも言ったほうもすがすがしい気持ちになれます。

もう一つの譲るは、目に見えない精神としての側面です。人間力が低い人の共通点はエゴが強いこと。自分が常に優先で他者に譲ることをせず、所有物にこだわり、他人との競争に勝とうとする。程度の差こそあれ、エゴは誰にでもあります。

エゴを抑える一番の方法は、人のためになる行動を優先すること。譲ることを意識していると、いつしか自分が削られていきます。削っても削っても自分がなくなることはないので心配いりません。

「一歩譲れば日々楽し」（『菜根譚《さいこんたん》』）。私の大好きな言葉です。

13 人のあら探しをしない

飲み物が半分ほど入ったコップを見て「まだ半分もある」と思う人もいれば、「もう半分しかない」という人もいます。事実は一つでも、肯定的に見るか、そうでないか、その人自身の「観方」によって受け取り方は一八〇度変わるものです。

他人の立ち振る舞いを見てわが身を振り返る人もいれば、相手の悪い点をあげつらい、あら探しをする人もいます。成長するのはどちらでしょうか。

聞きたがり屋、干渉したがり屋、首を突っ込みたがり屋。人との距離感がわからず、興味本位でその場にいない人の悪口を言ったり、無神経にプライベートなことに介入してくる人は、人間力のない残念な人。人のあら探しや詮索好きな人は相手の気持ちを読み取ることが苦手です。

もし会話の途中でその場にいない人の話が出たら、笑顔でよいうわさ話に切り替えましょう。「君子は人の美を成す」（『論語』）。人の美点・長所を見つけてそれを助け、大成させていきましょう。

14　悪口、不平不満、妬みを言わない

興味本位で人の悪口を言って、後から後悔したことはないでしょうか。

自分が発した言葉を一番聞いているのは自身の耳、そして自身の心です。人の悪口、陰口、不平不満、妬み……。毎日口にしているうちに、いつしかそれが口癖となり、人の悪いところを真っ先に見る習慣が身についてしまいます。

つい悪口や不満が出てきてしまうという人は、目に見える「体の姿勢」から見直してみましょう。立ち振る舞いはその人の心を映し出すもの。背筋が伸びていると不思議なことに不平不満、愚痴が浮かんでこなくなります。形を整えれば心が整うのです。

それでも不平不満や妬みが心に浮かんできたら、口から言葉を発する前にひと呼吸おいて自分の心の中を静かに観察してみましょう。自分らしく生きている実感のある人は、他人の言動を妬むことも自分と比較することもありません。不平不満が浮かんだら「今、私は自分らしい生き方ができているのだろうか」を自分に問いかけてみる。「歩んだ道が歩む道」。自分の心が明日をつくり、未来をつくります。

15 正直でうそを言わない

正直とは、うそ、偽りのないこと。時間を守り、約束を破らないこと。途中で投げ出さない、言ったことを実行すること――。頼まれたことは断らず、コツコツと一生懸命に何事にも向かい、正直な人生を送っている人もいれば、楽をして得をしたいと、何事もごまかしながら生きている人もいます。

不正直な人は、実は自分にもうそをつき、ごまかして生きているので、本当の自分がわからず、迷子になりがちです。

人にうそをつき続ける生き方は、楽なように見えて、結局は心の落ち着かない人生を自ら引き寄せることになります。

自分が正しい、楽しいと思うことに向き合い、葛藤すること。シンプルに正直に自分と向き合うと、心が楽になります。

正直こそ信頼を得るための最大の人間力でしょう。常に自らの良心に照らし合わせて、正直に生きていきたいですね。

16 損得で物事を考えない

私心が多い人ほど、利害損得を気にするものです。

認められたいのに認めてもらえない。期待しているような「結果」が出ない……。そのようなとき、人はやる気を失いがちです。

今は、人の評価や見返りを期待して、そこに自分の価値を見いだしてしまう世の中です。でもそれは「自分がこれをやったのだから、これを返してほしい」という「取り引き」と同じです。自分がしたことが報われない、わかってもらえない、感謝されない、逆に悪く言われてしまう――。そのようなときこそ、人の心はぐっと深みを増していくものです。

評価される、よい結果が出る、得をする、利益を得る、成功する。そうした、自分にとって損か得かのモノサシに縛られている人が多いのではないでしょうか。

思いきって、そのモノサシを手放してみましょう。損と得を選ぶ道が出てきたら、あえて相手に得を与える道を行く。そのような人になりたいです。

【人間として生きるための礼儀習慣　応用編】

ここまでは人間として生きるための基礎的な礼儀習慣について見てきました。ここからは、その基礎を実際の仕事や生活の中で応用していくうえで必要となる習慣について見ていきましょう。

人間力とは「人間」が変わることによって高まる力です。人間は心の持ち方を変えることによって行動を変え、行動を変えることによって習慣を変えていくことができます。仕事も家事も効率やスピードが求められる今だからこそ、変化の中に自分を見失わない軸が必要です。

応用編は基礎よりもレベルは高めですが、できたかどうかの結果に執着しすぎず、挑戦し続ける習慣をつくることを意識してみてください。そのためのツールとして章末にチェックリストをご用意しました。自分の状態を知り、整えていく自分磨きの習慣づくりにぜひ役立ててください。

〈応用編〉

①感謝の気持ちを忘れない
②人を褒める
③あきらめずに最後までやり抜く
④自分に厳しく人には優しくする
⑤ネガティブ思考でなく、ポジティブ思考で考える
⑥人のせいにしないで自分の責任で考える
⑦あるがままを受け容れる
⑧人の見ていないところでも善きことをする
⑨人の恩を忘れずに返す
⑩お年寄りをいたわり、親を助ける
⑪先祖の供養をする
⑫義務を先行する
⑬人の治療や介護をする
⑭自己犠牲ができる
⑮常に人間として高みをめざして行動する
⑯自分を甘やかさず自分に克つ
⑰人の命を救う

1 感謝の気持ちを忘れない

神や仏という存在を前に手を合わせるとき、どのようなことを思うでしょうか。「もっと幸せになれますように」「○○がうまくいきますように」とお願い事を優先するでしょうか。それとも、この世に生を受けたことへの感謝、無事に今、生かさせていただいていることへの感謝でしょうか。

以前の私は、まずちょっとだけ感謝してから、たっぷりとお願い事をしていました。しかし、ある方から「神仏にはお願い事をするのではなくて、生かされた命・心穏やかな日々をありがたく思い、感謝だけするといいよ」と教えてもらいました。

「生かしていただきありがとうございます」

「○○が叶《かな》いました。ありがとうございます」

このように手を合わせるようになったのです。それから何に対しても「感謝する喜び」を強く感じるようになりました。「ありがとうございます」と口にすることで、「ありがたい」と思う気持ちがあふれてきます。

2　人を褒める

人は誰でも褒められることに喜びを感じるものですが、多くの現代人は人から褒められていません。

相手をさりげなく観察して、外面だけでなく内面的な部分で美点を見つけて、過剰な表現ではなく、適切な言葉を相手に伝えましょう。きっと相手は有用感を感じ、あなたを信頼したくなるでしょう。

特に相手が頑張っている仕事ぶり、こだわり。また、その人が重要視しているもの、大切に思っているであろうことを察して褒めていくのがよいですね。

例えば、子供がいる人であれば、子供のことを賞賛する。

「賢いお子さんですね」

「かわいいですね」

意識して人を褒める言葉を口にしていくと、自分自身の心にも花びらが舞い降りてきます。

3 あきらめずに最後までやり抜く

人生には誰しも波があります。

ツイているとき、ツイていないとき。ツイていないときでもあきらめず、自分を整え、最後までやり抜けるかどうかが人生の質を決め、自分の誇りにもなります。

二〇二一年の東京パラリンピック女子マラソンで金メダルを獲得した道下《みちした》美里《みさと》選手は、二十六歳のときに残っていた左目の視力も失い、全盲になりました。そのときに盲学校で、ある男性から言われた「順調なときに、なんでもうまくいくのは当然。でも、逆境のときにどう対処するかで人間の価値は決まるようなもんだよ」というひと言が彼女の〝魔法の言葉〟となり、人生が変わったそうです。

使命を日々、自分自身の心に刻み込み、忘れず貫き通すことができるか。

逆境でも臆病さを抑え込んで、勇気を奮い立たせることができるか。

真価が問われます。

4　自分に厳しく人には優しくする

上司や先輩から厳しく注意や指導を受け、「なんでそこまで言われなければいけないのか！」と反発したり、ときには会社を辞めたくなった方もいらっしゃるでしょう。そもそも、厳しさというのは優しさと同居しているもの。厳しさのない優しさは本当の優しさではありません。すなわち、厳しさは「愛」なのではないでしょうか。弱さと甘さからの優しさは、相手にとって「悪」にしかなりません。

甘さではなく「愛」を持って人に接することができているか。常に自分に問いかける「厳しさ」が大切です。人は厳しさがあるから強くなれますし、自然も厳しさがあるから美しいのです。「春風《しゅんぷう》を以《も》って人に接し、秋霜《しゅうそう》を以って自らを粛《つつし》む」（『言志後録《げんしこうろく》』）。私が大切にしている言葉です。

部下や後輩、子供が好ましくない言動をしているのに、何も伝えないでいることは優しさでしょうか。「今日自分がしたのは、本当の愛からだろうか」。そう振り返る自分への厳しさを忘れずに。

5 ネガティブ思考でなく、ポジティブ思考で考える

なんで私がこんな目に……。そんな思いがけない逆境に直面したとき、ネガティブ思考であきらめる癖がついているか、「いやいや、これではいけない」とポジティブに捉えて奮起する習慣がついているかで、その後の人生に大きな差が出てきます。

まずは自分の中にある言葉に注目しましょう。いつも頭の中でどのようなことを思い、どのような言葉を繰り返しているのか――。その思いや言葉を変えていくことがとても大切です。「もうだめだ」「歳だから」「能力がないし」から、「よし、やってみよう」「楽しもう」「チャレンジしよう」と、少しずつ変えてみませんか。

〝自分は大丈夫〟と、ネガティブ思考からポジティブ思考へ、思考の癖を変えて行動する。何度でも立ち上がれる行動の習慣を身につけていくことが、意義ある人生につながっていきます。

チャレンジできる自分へ〝体質改善〟。自分をつくるのは自分です。まだ見ぬ自分の姿を創造していきましょう。

6 人のせいにしないで自分の責任で考える

「小さな人間・我欲が強い人間」は常に自分が第一と思ってしまいます。そのような人と深く、長くかかわりたいとは誰も思わないものですね。でも気づかないうちに、人に不快な思いをさせていることもあるものです。

自分を愛する気持ちが強いと「相手が間違っている」「○○のせいでそうなった」と他責《たせき》にしがちです。自分に起こる出来事は、すべて自分が招いた自分の責任として捉えましょう。

問題の原因を他に求めていては、環境や社会、上司、お客様、他者は変えられませんから、解決することはできません。すべて自責で考える。そうすることで社会や他者を恨むこともなくなるでしょう。

他責にすることはひきょう者がすることです。

すべて自責で考えてこそ、解決策にたどり着きます。

7 あるがままを受け容れる

自分の思いどおりに物事が進まなかったとき、どのように対処するかでその出来事が持つ価値は変わります。

周囲の意思を聞くことなくすべて自分の思いどおりにしよう、自分の思いどおりに人を動かそう、現実を変えようともがくほどに状況は複雑になり、自分の「我」ばかりが強くなる悪循環になります。

出会った人、起こったこと、すべてそうなるべくしてなったものと現状を受け容れて、今できること、やるべきことに集中して、淡々《たんたん》とやる。まずは「あるがままを受け容れよう」と自分で決め、それを行動に移すことが大切です。

「ありがとう」の反対は「当たり前」です。人生に当たり前のことは何一つありません。

今の自分に起こる出来事を受け容れて、そこに感謝の気持ちを添えることであるがままの人生、あるがままの自分に輝き、きらめきが出てくると思います。

8　人の見ていないところでも善きことをする

人は善きことを行うことによって、自分ばかりではなく、他人をも幸せにすることができるもの。その善きことには二つあり、人に知られないように密《ひそ》かにする善行を「陰徳《いんとく》」、周囲にわかるように行う善行を「陽徳《ようとく》」と呼びます。

太陽があれば月があり、女性がいれば男性がいるというように、東洋ではこの世のあらゆるものは陰と陽のバランスで成り立っている、と考えます。つまり陽徳があれば当然、陰徳も必要となるはずです。

陽徳の場合、自分の善行を見ている誰かがいる前提ですが、陰徳の場合は、その行いを知っているのは自分だけです。ごまかそうと思えばいくらでもごまかせます。いくら人前で美しい言葉づかいや洗練された所作、よい行いをしていたとしても、心の中で感謝されたい、評価されたいという思いがあったらどうでしょう。

人知れず自分の内面を掘り下げる「陰徳」を心がけましょう。

9 人の恩を忘れずに返す

「感謝報恩」という言葉があります。感謝だけではなくて、恩に報いていく行動が伴い、恩を返すことが本当の意味での感謝といえると思います。

恩師、恩人、恩返し。日ごろ「恩」という言葉をどれくらい意識していますか？

例えば、恩師。人生の土台となるようなありがたい教えや経験を授けてくれた先生。「お返しをしたい」という思いにかられる先生が「恩師」という感覚ではないでしょうか。また、「恩」は人間関係だけでなく、自然との関係にも存在します。

現代人は、恩知らずの人が増えています。徳川家康《とくがわいえやす》は「あだを報ずるに恩を以ってす」（ひどい仕打ちを受けても恨むことなく、むしろありがたいと恩に感じる）、という言葉を常に忘れずに心に置いていたそうです。また、「人たる心有るものは、恩を知らずんば人にあらず」とも言っています。

見返りを求めず、自分のためを思って献身的にお世話をしてくれた人、心を寄せてくれた人。あなたは、誰に恩返ししていきますか？

10　お年寄りをいたわり、親を助ける

私の両親は共働きをしていたので、幼いころ祖母に育ててもらいました。明治三十三年生まれの祖母はとても厳格で、世間一般の「おばあちゃん」のイメージからは遠い人。人としてのたしなみについて厳しくしつけられました。「トイレは使う前よりも美しく」という言葉は、今も私の中に強く残っています。祖母が家庭で私に伝えてくれたのは「道徳」だったんだなと、今では理解できます。

同時に、かつて祖母がしてくれたような愛のある厳しさを、今の私は次の世代に与えることができるのだろうかと自問します。

あなたにとって親、祖父母はどのような存在でしょうか。いろいろなご事情もあるかもしれませんが、祖先や親から代々に生み育てられてきた「いのち」を今、自分は受け継いでいる。そのことに思いを馳せ、何ができるかを考え実践しましょう。

親に育ててもらわないと生きられなかったはずです。親孝行こそ人間として大事な生きる道ですね。

11 先祖の供養をする

「供養」の語源は、サンスクリット語で「敬う」を意味する「プージャー」と言われています。

現代では、亡くなった方に仏壇やお墓などで供物《くもつ》や花をお供えすること、冥福を祈るといった「行い」が供養とされていますが、もともとは祖先に対して尊敬や敬意といった真心を寄せることが供養でした。

仏壇やお墓というと、宗教の世界のように感じる方もいらっしゃるでしょう。

何も仏壇に限りません。供養の形は人それぞれです。

大切なことは、今の私たちの生活、人生を根っことして支えてくれている先祖のおかげに感謝し、敬意を表そうとする心構えです。いくら仏壇に手を合わせても、それが形だけで行っていたら、本当の意味の供養とはいえません。

日常の中でふと「幸せ」を実感したときは、先祖のおかげに感謝し、心の中で手を合わせてみましょう。その小さな習慣が人間力を高めます。

12 義務を先行する

「義務」と聞いてどのようなイメージが浮かぶでしょうか。「やらなければならないもの」「やらされるもの」と、重苦しいイメージをお持ちの方がほとんどでしょう。

ここでいう義務とは、国民の三大義務（教育・勤労・納税）に限定したことではありません。広く社会の一員として自発的に引き受け、率先して果たしていくさまざまな責務を含んでいます。

常に謙虚な心で、微力であっても人や社会のために役立つことをしていく。そこに喜びや生きがいを見いだすことができます。

「当たり前」に思えている先人の貢献を「ありがたい」ものと受け止めたとき、「この恩恵に少しでも応《こた》えたい」という思いが湧いてくるのを感じます。先人がそうしてくれたように、次世代へ善き遺産を少しでも譲り渡せるように、今を生きる私たちの役割、使命を自覚し、果たすべき責務を前向きに引き受けていきましょう。率先して義務先行していくことで、心と心が通う社会が創れるでしょう。

13 人の治療や介護をする

治療や介護という言葉を聞いて、皆さんは何を思い浮かべますか？「医療に携わる人の話で、自分には関係がない」と思う方もいるでしょう。確かに医学に基づく治療や介護には、専門の技術や資格が必要です。では、身近で悩み苦しむ人に愛を持って寄り添うこと、心を込めてお世話をすることはどうでしょうか。

最近は生活の中で「ケア」という言葉をよく耳にします。いろいろな意味に使われますが、ここでは「相手の人格を尊重し、その精神的な成熟をサポートすること」がケアだと捉えてみてください。治すことはできなくても、相手の苦しみや心の痛みをわかろうとすること。信頼というものが「ケア」の一要素であり、信頼があってこそ「ケア」の質は高まっていきます。

ケアとは相手に関心を持ち、相手の心を察し、その要望に応えられるようにしていくことにほかならないでしょう。もちろんそれは勇気のいることですし、いつでも求めに応じられるだけの〝自分磨き〟ができているかどうかが問われてきます。

14 自己犠牲ができる

かつて野球の日本人監督がフランスのナショナルチームの監督になったとき、外国人に犠牲バントや犠牲フライを教えるのがとても難しかったと語っていました。誰もがいつでも「犠牲バント」を打てるところに、日本人の強さがあるのでしょう。

海外の選手にとっては華々しいホームランが一番の目標であり、次のバッターのために自分が「犠牲」になるなんて考えられない、というわけです。

仕事柄、私が外国の人々に日本の「自己犠牲」の意味を「人のためにひと肌脱ぐ」などと言っても、当然理解してもらえません。そこで、「たとえ自分に余裕がないときでも、他者のために自分に何かできないかを考えて動くことです」とお伝えするようにしています。

犠牲は自然の摂理です。他の動物と異なり、人間を人間たらしめているのは、まさに人間は自らを価値観・他者のために捧げることができるかということだと思います。

15 常に人間として高みをめざして行動する

「人は皆、いい仕事をしたい。いい人生を送りたいと思っている」と私は思っています。もともとやる気のない人などいません。何らかの阻害要因が生じて自信をなくしたり、やる気をなくしたりした状態になってしまうのです。どうでもいいやと思ってしまうこともあるかもしれません。そういうとき「自分のありたい姿は」「本当はどういう自分でいたいのか」「今、自分は何ができるのか」と自分に矢印を向け、自分の人生を自分でデザインしていきましょう。

人生二度なし。すべての人が一度だけの今生を生きています。人間は「このくらいで」と安きに流れやすいですが、自分自身があきらめずにエネルギーを高め、憧れに挑戦し、理想に向かう。七転び八起き。昨日よりも今日、わずかな一歩でも常に高みをめざす生き方は、きっと周囲にもよい影響を与えるでしょう。

「日々、新たに」と発奮し、動きだす。常にその勇気を芽生えさせられるような人になりたいものです。

16 自分を甘やかさず自分に克つ

現代人の多くは、厳しくされるより優しくされることを好みます。ひと昔前の親は「自分から挨拶しなさい」「ありがとうと言いなさい」など、基本動作から生き方の作法まで、甘やかすことをせずに礼儀や道理を非常に厳しく教えていました。ゆとり教育などで甘やかされて育った人は、耐える力や理不尽なことへの対応が弱くなります。

誰しも弱い自分が顔をのぞかせるときはあります。そこに安住して、じょうずに自分が傷つかないようにごまかす自分、わかっていても同じ過《あやま》ちを繰り返す自分の弱さを認め、自分の弱さを克服していく。並大抵のことではありません。それでも「自分は絶対に変われる」と信じ抜くことが必要です。

人に言われなくても、自分の中に自分を律するもう一人の崇高な自分を持つ。そのもう一人の自分が自分に注意できるようにしていく。

そうしているうちに、自分自身の中の崇高なもう一人と一体化していくのだと思います。

自分に克つとは、次々に湧いてくる自分自身のエゴに向き合い、直視し、叩き潰し、自分がなりたい自分、新しい自分の思考・行動に変えることに力を注ぐ。それが習慣になっていくように何度も続けていくことです。

さらに、そこから自分だけではなく、他者やすべてと繋がっていき、善きものへと昇華させ、愛で包んでいきます。

「克己復礼」。自分に克つとは、自分を整え、自分の人生をデザインする基本動作です。

17 人の命を救う

江戸時代の佐賀藩士、山本常朝《やまもとつねとも》の『葉隠』を読まれたことがあるでしょうか。

武士の心得を書いたこの書に、私は「死生観」の大切さを教えられました。

死ぬことなんて考えたくない、そうは思っても人間誰しもいつかは死を迎えます。どう死ぬかを考えていればどう生きるか、生き方が決まってきます。

裏を返せば、自分以外の何ものかのために生きること。生き方が問われています。

それが死生観です。

偉人といわれる人は皆、死生観を身につけていました。それは、自分以外の何ものか――人類の平和、幸福、発展、道義のために自分の命を燃やして生きたからでしょう。

自分の幸せのためだけに生きる次元から、自分以外のために生きる次元へ。

自分の存在が他人の役に立ち、世の中や後世の役に立つよう生きる。死生観は、自分の枠を広げる、大きな幸せの源です。

実際に人の命を救う経験をすることは、そうあることではないでしょう。自分の命を燃やし、人の命も活かしていく。命を活かすとは、その人を人間として本当に輝かせることができているかということです。

そして自分が人を想い、人のために何かをしても、感謝を求めることはしない。自分自身がそうできたことに感謝でき、たとえ感謝されなくても、悪く言われようとも、心を動かさず、穏やかに生きられる。

そういう人に私は憧れます。

〈応用編〉各３・５・10点

□□□　感謝の気持ちを忘れない（３点）
□□□　人を褒める（３点）
□□□　あきらめずに最後までやり抜く（３点）
□□□　自分に厳しく人には優しくする（３点）
□□□　ネガティブ思考でなく、ポジティブ思考で考える（３点）
□□□　人のせいにしないで自分の責任で考える（３点）
□□□　あるがままを受け容れる（３点）
□□□　人の見ていないところでも善きことをする（３点）

□□□　人の恩を忘れずに返す（５点）
□□□　お年寄りをいたわり、親を助ける（５点）
□□□　先祖の供養をする（５点）
□□□　義務を先行する（５点）
□□□　人の治療や介護をする（５点）
□□□　自己犠牲ができる（５点）

□□□　常に人間として高みをめざして行動する（10点）
□□□　自分を甘やかさず自分に克つ（10点）
□□□　人の命を救う（10点）

毎日集計して良い習慣を身につけましょう

例）●日 61点							

付録【実践編】

幸せを呼ぶ積善チェックリスト

それぞれの項目について、達成できたら点数をつけます。
できなければ0点です。
毎日続けることに意味があります。
※達成できた日は□に✓しましょう

〈初級編〉各1点

□□□　身だしなみを清潔に保つ
□□□　立ち振る舞いを美しくする
□□□　周囲の人に関心を向ける
□□□　挨拶をして敬意と承認を伝える
□□□　人の話を注意深く聴く
□□□　わかりやすい話し方をする
□□□　人に迷惑をかけない
□□□　人のアドバイスを聴き入れる
□□□　人に親切にする
□□□　自分のマイナスの感情を顔に出さない
□□□　人を尊重する
□□□　人に譲る
□□□　人のあら探しをしない
□□□　悪口、不平不満、妬みを言わない
□□□　正直でうそを言わない
□□□　損得で物事を考えない

第五章

【実践編】
自分と向き合うビジネス禅

何のために働くのか

私たちは、人生の多くの時間を仕事に費やします。収入を得るビジネスはもちろん、家庭の中で家族のためにする働きも大切な仕事の一つと言ってもよいでしょう。

私たちは、何のために働くのでしょうか。

収入を得るため、才能を生かすため、生きがいのため……。

本来、仕事とは、それを通じて生き方を築いていくもの、本当の自分に出会うための手段だと私は考えています。

西洋では、労働は神に与えられた苦役《くえき》と考えられ、苦痛に満ちた否定的なイメージが伴います。だからこそ、苦しい思いをしないようにできるだけ短い時間で多くの収入を得たがります。

一方、日本では働くことは神代《かみよ》から続く神聖なことであり、喜ばしいこと。たしかに働いていればつらいこともありますが、それ以上に生きがいや誇りを与えてくれる尊厳ある行為という価値観が根づいてきました。

石田梅岩は「勤勉によってもたらされる安楽こそ、働くことから得られる最上の幸せ」と述べています。つまり、人は目の前の仕事に一生懸命励み続けることで、肉体的にはもちろん苦労が伴うけれど、精神的に満ち足りた気持ちや幸せを得られるというのです。

仕事とは人生そのものと言っても過言ではありません。働くことで人間力が高まり、働くことで人間が磨かれていきます。

つまり、仕事は人が一人前になるための修行であり、礼儀を身につけ、人間として成長するためのものとも言えます。その成長の過程の中で、私たちは安らぎを得、喜びを感じ、心を磨いていきます。

目に見えない価値に注目し、いかに仕事にやりがいと生きがいを見いだせるかで人生の幸福度が変わってきます。

楽しくない、おもしろくないと思う仕事でも一生懸命に続けていくうちに、おもしろさが見えてきます。楽しい仕事、楽しくない仕事という違いはありません。あなた自身に、楽しくやろうという心の姿勢があるかないかの違いです。

私たちは自分がこれからどう生きるべきか、何をすべきか迷いますが、一生懸命に働いていると必ず自分が進むべき道が発見できます。

ビジネス禅とは

では、仕事やビジネスにかかわる中で、どうしたら人間力を高めていけるのか。ここからは自分の成長課題に向き合い、解決していくためのセルフワークをご紹介します。

私自身、目には見えない人間力というものと向き合う難しさ、毎日自分を高め続けることがいかに大変かを知っているからこそ、習慣として具体的に取り組める実践方法を提案したいと考えていました。

ここでは、ビジネス禅《ぜん》を通じて見えざる心と向き合い、人間力を高める方法をお伝えしていきます。

ビジネス禅とは、人としてどう生きるかという問いに向き合う「禅」の教えに着想を得て、私が考案したセルフワークです。

変えるべき根深い自分の課題と対峙《たいじ》し、自分自身を変えるための行動を考え、実践します。

ビジネスと名前をつけていますが、ビジネス禅は、仕事に就いている人だけのものではありません。見えざる心と向き合い、徳という人間力を高める方法（自己対話）ですから、「自分はどう生きたいか」を考えるすべての人に取り組んでいただけるものです。

禅の修行としての坐禅。坐禅の「坐」には人という字が二つあります。一つの人は現在の自分、もう一つは本来の自分と言われます。

ビジネス禅では、静かに心を落ち着かせ、今の自分の生き方や考え方について自分自身に問いかけていきます。その過程の問題発見・問題解決において、深く自分に向き合うことで、本当は変えるべき大切な課題や、根深い人生の悪習慣など、自分自身の本質的な成長課題も見えてきます。

ビジネスパーソンであれば、ＰＤＣＡ（Plan〈計画〉・Do〈実行〉・Check〈評価〉・

Action〈改善〉を基本に日々の業務改善に取り組まれていることでしょう。目標を達成するために計画を立てて行動し、行動したことを振り返ってやり直すＰＤＣＡの流れはビジネス禅も同様です。

ビジネス禅では、ＰＤＣＡの「Ｃ」の部分を徹底して考えていきます。

仕事をしていて、「同じような失敗を繰り返してしまう」「いつもここが課題の原因である」ということはありませんか？

なぜそのことが起きてしまうのか、自分でもなんとなく問題点に気がついてはいるものの、忙しいことを言い訳にしたり、深く考えるのが面倒だったりして、その都度とりあえず目の前の問題を解決し、リカバリーする対処方法だけでは、また同じことを繰り返してしまうでしょう。Ｃの深掘りは、自分ができていないことを直視することになるので、皆が避けたいことです。

ビジネス禅では、この負のループを断ち切り、問題が起こる根本原因を徹底して直視します。課題が生まれる原因そのものを深く掘り下げて、自分自身の生き方そのものの課題を見つけて、意識することで変わっていくことに挑戦しようという提案です。

常に自己変革・チャレンジできる習慣を身につけていけるといいですね。

弱い自分と対峙する

例えば、あなたが英語を学ぶことにしたとしましょう。目的は外国人社員と円滑なコミュニケーションをとって仕事の成果につなげること、また職場風土をよくするため。目標はビジネス会話ができる程度をめざしてＴＯＥＩＣ７５０点です。

目標を達成するために、どのような計画（プラン）を立てるでしょうか。毎日一時間の継続的な学習、オンライン英会話やすき間時間を使った動画学習など、いろいろとできそうです。

さて、一か月後、学習は計画どおりに進んでいるでしょうか。

今日は仕事が忙しかったからできなかった、一時間のつもりが十分だけしかできなかった、やろうとはしたけれど……と計画との差異が出てきます。

仕事がたくさんあって忙しかったとしても、決めたことをやらない選択をした、あきらめた自分の弱さ、時間管理ができていない生活、自分に克てないところにこの英語学習の目標達成を阻《はば》む根本原因がありそうです。

私たちはそうした自分の弱さを直視するのが苦手です。自分の弱いところを見つけると自己嫌悪に陥ったり、つい言い訳をしたくなったりしませんか？

大切なのは、いくら英語を学ぼうが他のリスキリングしようが、今の自分と対峙して日々課題に向き合い、自分を変える行動をしてみない限り、人は変わらないということ。

なぜ毎回同じようなところで失敗するのか、同じような課題が生まれるのかを深く考えたことがあるでしょうか。次に気をつければいいと、そのときだけの手ごろな解決策を求めていては、永遠に課題は解決しません。

逆を言えば、仕事の目標達成を妨《さまた》げている「根深い悪習慣」と真正面から向き合えれば、私たちの人間力も高まっていくということです。

ただし、その過程では直視したくない自分の弱さや悪癖がグッと前面に出てきます。

嫌だと思います、言い訳をしたくなると思います。そのようなときこそ他責から自責へ、すべて自己責任で困難を受け容れる覚悟を持ちましょう。人間力を磨き上げることのうえないチャンスが目の前にあるのですから。

ビジネス禅3つのステップ

ステップ①「内観」

朝一番、一日の準備をします。

深い呼吸を繰り返して心を清め、穏やかにして、自分のありたい姿を想像し、創造します。無限の可能性とコンタクトします。

観察者の視点でもう一人の自分が内なる自分に問いかけていきます。内省していきます。

ビジネス禅の詳しい手順は、「内観」「考究」「挑戦」の三つのステップです。順を追って詳しくご説明していきます。

ビジネス禅の最初のステップでは、本当の自分と向き合うことをします。自分のやるべきことを知るためには、まず自分自身をよく知ることから始めます。

これから、本当の自分に出会うための二つの問いに向き合っていただきます。「内観」とは、自分で自分の気持ちや考えを内省することで、どのようなときにどのような気持ちや考え方になるか、どうしてその考え方が出てきて行動をしたのか、これからどのようなことをしたいのかなど、自分と対峙する方法です。

ここでは、禅の修行として坐禅を組むように、今の自分と本当の自分を向かい合わせるような気持ちで取り組んでみてください。

自分自身をごまかさず、正直な気持ちや感じていることをさらけ出すのが鍵です。

〈問① 自分とは何者か？〉

なぜ命をいただき、今生きているのか。何を成すために生をいただいたのか。今まででじっくりと考えたことはないかもしれません。深く問いかけてみましょう。

〈問② あなたのありたい姿は？〉

どのようなことを成し遂げ、どのような生き方をして、どのような人でありたいでしょうか。自分の内面から湧き出る思いに耳を傾けてみます。何のためにそうありたいのか、目的意識も大事です。

ステップ②「考究」――成長課題を見つけるための七つの問い

ステップ②「考究」では、自分の成長課題をはっきりと見つけていきます。

ステップ①の「内観」で深く自分と向き合いました。ありたい姿や目標が思い描けていると、今現在の自分との差が明確になります。そのギャップを課題と捉えて成長のステップとする。ステップ②では、成長課題を見つけるための七つの問いをとおして具体的にしていきましょう。

より具体的に言葉にし、原因を追究していくことが鍵となります。ここでは例をあげながら進めていきます。

ビジネスに携《たずさ》わっていない方は、問いの中の「仕事」という言葉を、人生や人間関係など、今のあなたに必要な言葉に置き換えて取り組んでみてください。

〈問① あなたの仕事の目的はなんですか？

何のために仕事をしていますか？　大儀を考えてみましょう。

〈問② 仕事の目標はなんですか。数値目標は？〉

ポイント：誰かに押しつけられた目標ではなく、当事者意識で自分の責任で考えます。その目標は、そもそも本気で達成するというコミットメントはできていますか。

ここが何よりも大事です。

〈問③ 目標を達成するためにどのような計画を立てましたか。具体的な目標設定は？〉

目標を達成できるだけの計画が立てられているでしょうか。具体的な計画を立てましょう。

〈問④ 目標達成のために実行しましたか？　しませんでしたか？　目標は達成できましたか？　できませんでしたか？〉

〈問⑤ 目標と現状にギャップはありましたか？〉

「ありたい姿（目標）」と「現状」のギャップが問題です。

〈問⑥　問題の本質的な原因はなんですか？〉

問題に対して「なぜ」を最低三回は繰り返して真の原因まで追究します。

【一回目のなぜ】

【二回目のなぜ】

【三回目のなぜ】

〈問⑦　問題の解決策は？〉

もう一歩踏み込んで考えます。問題発見で深く自分に向き合うことで、実は自分自身の本質的な成長課題が見えてくるとお伝えしました。自分中心の身勝手さ、手っ取り早く物事を進めたいという面倒なことを避けて通る、自分勝手という成長課題も見えてきました。

その課題に日々真摯《しんし》に向き合い、自分を変えるチャレンジをしていきましょう。できていないことや悪習慣を真正面から見るのは誰でも嫌なものです。普通なら目をつぶって気づかないふりをします。勇気を持って悪習慣に日々対峙することが、人間力を上げるための大切なステップです。

※問題とはありたい姿と現状のギャップのこと、課題とは問題の中で解決すべきことと定義しています。

ステップ③「挑戦」――すぐ行動できるようになるポイント

「内観」「考究」の二つのステップを経て、成長課題を見つけました。ビジネス禅のステップ③は、成長課題克服への「挑戦」です。

克服すべき成長課題が自認できて、何をすべきがわかったのにそれを実行しなければまったく価値がありません。

なぜ変わらなければいけないのかという理由づけをしても、「よしやろう」とモチベーションを高めても踏み出せない人は行動できません。やる気さえあればやれると私自身も思っていましたが、実際はやらない人はやらない習慣がこびりついていて動けないのです。

すぐやる。できるまでやる。恥をかいても気にしない。

動く練習をしていると徐々に動ける体質になってきます。

実行力が身についた体質にしていくことです。実行力が上がるように「体質改善」をしていきましょう。

そこで「すぐ動けるようになる思考と行動のポイント」をお伝えします。

①やると決めたことを必ずやっているか？
②やると決めたことを「すぐに」やっているか？
③決めることに時間をかけすぎて、結局やらずにいないか？
④やらない（やりたくない）言い訳を退治できているか？
⑤好き嫌いで判断して行動をしていないか？
⑥自分の目標やありたい姿から今の行動につながっているか？
⑦慣れ親しんだワンパターンの思考・行動だけではなく、違うパターンの思考・行動

も柔軟にできているか？

⑧緊急度と重要度の観点から、優先順位をつけて仕事をしているか？

⑨失敗を恐れずチャレンジし、たとえ失敗してもその失敗を糧《かて》に、何度でも挑戦できているか？

実行が伴わなければ、当然、結果は出ません。実行してこそ結果が出るわけですから、まずは実行する勇気、飛び込む度胸が必要でしょう。

どのような結果にしていくのか、プロセスにフォーカスして修正しながら、何度でも挑戦し続ける忍耐力、そして挑戦できる自分を信じる力が大切です。

たとえ望んでいる結果が出なくとも、挑戦し続けられる。そのことに幸せを感じられようになれるといいですね。

自己信頼

ビジネス禅は、課題の原因を追究して解決に向けた挑戦を何度も何度も繰り返すので、すぐに効果が実感できない場合もあります。

コンサルタントとして支援させていただいたあるホテルでの話です。

ホテル業界は、よい接客サービスをして当たり前の世界、お客様による突発的なトラブルも少なくありません。

支配人のKさんも、最初は他責がじょうずなネガティブ思考の持ち主でした。トラブルが起こると「お客様のせい」、口癖は「自分なんて無理」「歳なので無理」、ネガティブのオンパレードです。

そんなKさんですから、ビジネス禅にも反発しながら取り組んでいました。

半年以上が経ってからでしょうか。Kさんが変わり始めたのは、ビジネス禅を通じて「ホテルで働く人たちが心から喜びを感じて、成長していける現場をつくりたい」という、ご自身の中に眠っていた目標と真正面から向き合ってからです。

Kさんの「ありたい姿」が鮮明になったことで、現状とのギャップがはっきりとして仕事をとおしてどう成長したいかが明確になったことが本人を大きく変えました。最初の変化は、「お客様のせい」という他責の言葉が一切なくなったこと。「自分がこう対応したので今こうなっている」と、責任の矢印が自分に向いたのです。他責から自責へ、目を見張る変化でした。

「一度しかない人生ですから、視座を上げて舞台を整え、ホテル業界を変えていきたいです」

今では、以前のネガティブな発言からはとても想像のつかない活躍ぶりです。

ビジネス禅は、ありたい姿と現状のギャップの差を成長課題として考究し、行動を変える挑戦をしていきます。自分を変える挑戦ですから、すぐには変わりません。途中で怠《なま》け心も出てくるでしょう。しかも、机上で本を読んだり、話を聞いたりするだけでは乗り越えられません。目標を設定したら、必ずやり遂げると毎朝毎朝、決心をすることです。「まただめだったけれど、自分が変わらなければいけないのだ」と反省しながら、またしつこく挑戦していく。その一瞬一瞬に心が磨かれていきます。

人は心が揺れ動く生き物ですから、怠け心に負けそうなときもあります。「本当にそれでいいのか」と自分に問いかけてくれるもう一人の自分がすぐ近くから見てくれている、そのような考え方の転換も必要です。七転び八起き。繰り返し立ち上がってチャレンジできる習慣を自分のものにしていきたいですね。

人も植物と同じ。成長し続けている状態が生きている証《あかし》です。

「私は昨日よりも成長しているのか」と常に問いかけましょう。

自分が自分を自分する。自己信頼とは自分が変われると信じることです。

自分の内側で輝いている灯を見つけましょう。自分の価値を知り、行動しましょう。

自己信頼していくと、新しい力がみなぎってきます。

第六章

日本の底力

アジアの中の日本

見えざる心を磨く、魂の存在、自己犠牲、自責、徳を積む、道を求める――。実はここまでお伝えしてきたすべてのことは元来、日本人が大切にしてきた生き方そのものです。

しかし今、日本はかつての日本でなくなっています。

大量の西洋思想を受け容れた結果、消化・昇華しきれず、日本、私たちは混迷しています。日本が弱体化しているのも事実でしょう。経済力、そして国民の人間力、圧倒的に国力が弱まっています。

弊社は台湾、韓国、ミャンマー、インドネシア、ネパール、スリランカ、フィリピン、モンゴル、タイ、バングラデシュなどの現地の大学や日本語学校と提携をし、優秀な高度人材を企業にご紹介し、入社後も育成していく事業もしています。

弊社の海外支社も増えてきており、私自身はありがたいことに海外現地の大学で授業を持たせていただく機会も出てきましたので、アジアの国々の若者と日々接する機会が非常に多いです。

そこで強く感じるのは、皆、根性があり、働き者であり、自分の将来を真剣に考えている人が多いということ。自分の力で生き抜こうとする力強さがあふれているのです。人に頼るのではなくて自分の人生は自分が切り拓《ひら》くという思いが伝わってきます。日本語能力は人によってさまざまですが「人間としてどう生きるか」「将来の夢は」「何で人の役に立ちたいか」の問いかけにはぐらかさず、真摯に深く考え、答えを返してきます。コロナの影響や経済、政治と、日本と比べてはまだまだ発展していない国々ですが、情熱は燃えており、活気を感じます。

一方、日本人と言えば、昔に比べて圧倒的に働かなくなってしまっています。昔のようにハードワーク、オーバーワークをしようと言っているのではありません。少子高齢化による人材不足に加えて、コロナ禍も経て、若者も歳を重ねた人も国民の一部が保証に頼り、生活するようになりました。

さまざまな問題を抱えているとしても仕事とは人生そのものです。働くことが人間力を高めることにつながりますが、仕事に生きがいを見いだせなくなったり、一生懸命に働くことをよしとしない価値観に同調する人が増え、弱者救済ということを声高に叫びながら弱い基準をスタンダードとして皆が自分たちの強さを発揮する。突出することを社会的に抑えていく。その結果、日本が弱体化していくような動きを助長しているように思えてなりません。

今さら過去の日本に立ち返ることはできなくても、人間の本質は変わらないもの。私たち日本人のＤＮＡ遺伝子に組み込まれて伝承されている精神性、思想を呼び戻す、思い出す必要が今こそあると思うのです。

そして日本に来る外国人が見ようとしているのは何か？　海外からの憧れの正体をわれわれが認識し、そこを強さとして世界のリーダーとしてどう存在していくのか。今こそその何かに気づき、誇りを持ち、行動することが大切です。

私たちはどこか遠くに人間力の高い人のお手本を求めなくても、人間力の高め方を探さなくても、すぐ足元にその答えが眠っています。多くの日本人が忘れてしまっていますが、人間力という底力が日本にはあると思います。

徳の香りに憧れて

仕事柄、多くの外国人人材と面談を行います。彼らに「なぜ日本で働きたいのですか」と質問すると、治安や衛生面のよさなども上がってくるのですが、「日本人の自分のことよりも他人を思いやるすばらしさに学びたい」と皆が口を揃えて言うのです。日本人が弱くなっているとはいえ、日本の精神性はあらゆるところに残っています。

先日、海外の人材の受け入れを始めた企業から聞いた話です。

ミャンマー出身のMさんはＣＡＤを使った建築設計士として企業へ入社しました。その数日後、翌日は雨の天気予報が出ていました。

翌日、朝から今にも雨が降り出しそうな空模様だったそうです。彼女はいつもより少し早く身支度を整えて、出社のためにアパートを出ようとドアを開けると、ドアノブに一本の傘がかかっていました。その傘はMさんのものではありません。

まだ日本に来て間もないこともあり、会社以外の場に知り合いがほとんどいないMさんは、すぐに会社の人が置いて行ってくれたものだと気がつきました。

彼女が思ったとおりその傘は、〝Mさんはまだ日本に来て間もないから、もしかしたら傘を持っていないかもしれない〟と気を利《き》かせた会社の人が持ってきてくれたものでした。

しかも、会社の方はインターフォンを押して直接渡すと気をつかうだろうし、迷惑になるかもしれないからと、そっとドアノブに傘をかけて帰っていったのでした。

それから数日後――。仕事を終えたMさんの先輩が、急ぐ用事でもあったのでしょう、足早に会社を出ました。

ところが、天気が急変して突然の雨。外を見ていたMさんが急に立ち上がったかと思うと、足早に出ていった先輩を追いかけて外へと駆け出しました。手には先輩のための傘を持って。

いいことをしてやろうという出しゃばり感からではなく、一緒に働く仲間から「あなたのことを大切に思っていますよ」という思いやりを受け取ったMさん。受け取ったことで、次は与えられる立場へと変わっていったのです。優しさの連鎖です。

世界の中でも特に高い「親切心」を持つ日本人。目には見えないけれど確かに醸し出される優しさ、思いやり、慮り、日本人の「徳の香り」に憧れ、一緒に働いてその道徳的な生き方や心づかいを学びたいと、日本に熱い視線を向けている海外の若者が実に多いのです。

自己犠牲という尊い日本精神

入職前の外国人に日本企業で働くにあたって必ず身につけておいてほしい精神文化を説明するのですが、中でも「自己犠牲」という精神が、外国人には難しいようです。チームワークや協調性よりも自分が一番大事という個人主義の国が多いのですから、当然かもしれません。人のためにひと肌脱ぐという感覚も、当然、理解してもらえません。

ご支援した、マンションの給排水設備などをリノベーションする企業の従業員の話です。お歳を召した住人の方がマンションの共有部の廊下で転倒してしまいました。間もなく一日の作業を終え、後始末をするところだった従業員は、近くにいたので駆け寄って声をおかけしました。

「大丈夫です。すみません。足元がふらついて」

ゆっくり無理しないように支えて起き上がるお手伝いしました。

「痛みはありませんか」と聞くと、「少し、足が……、でも大丈夫です。ご親切にありがとうございます。すみません」と返ってきましたがとても痛そうです。「歩けますか」と聞くと「はい」。しかし、思うように歩けません。もしかしたら骨折かもしれないと思い、救急車を呼ぶことを提案しました。ご家族は不在のようです。管理人も不在でしたので、この作業員は一緒に工事をしている仲間にすぐに連絡し、病院まで付き添うことにしました。

案の定、住人の方は骨折していて、入院になってしまいました。工事の後始末を任せられる仲間がいたからこそ人助けができました。その日は奥さんと一緒に食事をする約束をしていたそうですが、行けなくなってしまいました。それでも声をかけるだけで終わらせず、救急車を呼ぶだけでなく、「何かできることないかな?」と相手のことを思い、おせっかい心で「行動」できるのは日本人ならではのものでしょう。

もう一つのエピソードをご紹介します。地方の旅館の話です。

四人でいらっしゃったご家族で、お母様と二人の娘さん、そして車椅子に乗ったお父様でした。

お部屋に着くとすぐにお母様と娘さんたちは、旅の疲れを癒すために温泉へ向かわれました。お父様は、五年前に交通事故に遭われて歩行は難しい状態でした。

その様子を見ていた担当のスタッフが「介助しますので温泉に入りませんか」と提案してみました。お父様はとても恐縮されて、「いやいや、迷惑をかけますので結構ですよ。温泉には入らないつもりで来ているから大丈夫ですよ」とおっしゃいました。

実はこの旅行、長女の方が初任給で家族にプレゼントをした記念の旅行でした。その話も聞いていた担当者は、この日を大切に、時間をかけて来てくださったこのお客様をこのまま帰すわけにはいかないと考えました。

何か自分にできないかなと考え、もう一人のスタッフと一緒に大きなたらいを用意し、ポリタンクで温泉のお湯を何度か運び、お部屋で即席の足湯をご用意しました。

お父様は少し緊張しながらも足を入れ、「気持ちがいいね、ありがとう」と喜んでくださいました。

「せっかくのご旅行ですので、お食事が終わった後、お休みになる前にもう一度ご用意いたします」と言って、二人のスタッフがまたお客様のお部屋へうかがいました。

今度は緊張もほぐれたのか、お父様は足を浸けて目を閉じると「生きていてよかった」と、そうスタッフに言ってくださったのです。

この二人のスタッフのうち一人はひどい腰痛に悩まされていました。やっと腰痛が治ったばかりだったので重労働はしたくなかったけれど、温泉を入れた重たいポリタンクを持ったせいでまた腰を痛めてしまったそうです。声をかけられたもう一人のスタッフは、その日が息子さんの誕生日でした。帰ってお祝いをする予定だったから、どうしようかなと少しの間悩んだそうです。でも、やはりお客様のために自分にできることをしてからにしようと思い、足湯の手伝いを進んで引き受けたのでした。

「いいことをしようと思ったけれど、躊躇《ちゅうちょ》した自分たちって弱くてダメですよね」

彼女たちはそう苦笑いしながら話してくれました。

躊躇したとしても、相手が喜ぶことを考えて実践したのだから尊い自己犠牲です。「自分に余裕がなかったのに、何かできることはないかを考えて動いたのですから、あなたたちは弱くない。強いからこそ犠牲になれるんですよ」とお伝えしました。

想像力を発揮し、人を慮ることに優れている日本人。よいことをしてもなお、その内面を掘り下げようと自己反省する日本人。

人間だけが持っている喜び。「人に喜んでもらうと自分がうれしい」。それはとても尊い幸せです。私たちの祖先から実践し、私たちに伝えようとしてきた日本の精神文化、道徳心の習慣。世界が憧れるその光を、足元に眠らせておいてはいけないと思います。

人とのつながり、先人とのつながり、後世とのつながり。つながること、認めることで人は幸せになっていけるのです。

日本人の質を極めるモノづくり

どんな些細なことにも誠実に取り組むことで、平凡な中に非凡を見いだしていく。そんな日本人の職人気質は一朝一夕《いっちょういっせき》にできたものではありません。古《いにしえ》の縄文時代の土器の細工の素晴らしさから伝承されてきたのではないかと思っています。

日本人はもともと手先が器用で繊細さを好み、地道さは世界の中でもずば抜けているこれは日本の四季や自然を感じ取る感性が研《と》ぎ澄まされているからではないかと思うのです。ですので、モノづくりへのこだわりも強く、作品に魂を込めるようになってきました。

不十分なものを世に出したら恥ずかしいという思いも強いのではないでしょうか。日本人は見えない部分も気を配り、作品を作っていく気質は世界に誇れるものだと思います。

日本での就職を支援した、高度な機械オペレーターであるインドネシア出身の男性Zさんの話です。

来日当時から、彼はとても受け身で引っ込み思案だったことが気にはなっていました。「能力はあるのだから、もっと主体的にイキイキと仕事に取り組んでもらうにはどうしたらいいのだろう」と考えながら、入社から一か月後、面談のため再び彼に会いに行くと、驚くことにそこにはもう引っ込み思案だった彼の姿はありませんでした。「次はどのようにしたらいいですか？」と自ら先輩社員に尋ねるなど、驚くほど積極的な人柄に変わっているではありませんか。

理由を尋ねると、彼は興奮ぎみに教えてくれました。

「周りで働く日本人のものづくりへの美意識の高さ、人が見ていなくても手を抜かない責任感を肌で感じて感動したんです。自分も言われたことだけをやるのではいけないと思いました」

自国の大学で高等教育を受け、国際感覚にも優れた外国人人材をほしがる国や企業はたくさんあります。日本の賃金が特別に高いわけではありません。それでも彼らは「他の国にはない学ぶべきものが日本にはある」と言って日本で働くことを選びます。

誰に言われなくても、自分の中の自分と対峙して最高をめざし続ける。完成へたどり着いても、もっとできることがあるのではないか、まだできるのではないかと、さらなる高みを追い求める。

「これくらいでいいか」「まあいいか」「もういいか」と負けそうな自分をグッとこらえて、もう一歩高みへ挑戦してみる。作品に「心を込める」。「約束したことを守る」。「当たり前のことを、丁寧に当たり前にしていく力」こそ、世界が憧れる日本の宝なのだと、私も日本に憧れる彼らを通じて気づかされることがたくさんあります。

茶道にみる「たぎる」生き方

私が長年たしなんできた茶道の世界では、あくまでも「たぎる」茶が最上とされています。「心入れ」が甘ければ「ぬるき」茶になり、肚《はら》が決まって深い呼吸とともに気迫を込めて点《た》てた茶は「たぎる」茶となります。

一杯の茶はのどを潤《うるお》すだけではなく、心も潤します。だからこそ真心を尽くした「心のたぎり」が求められるのです。

日本の職人気質は、誰に言われなくても、自分の中の自分と対峙して最高をめざし続けるところにあると、申し上げました。

日常でも、ビジネスでも、心をたゆませず、しゃんと気を張り覚悟して生きる、肚を決めて生きることが成功への道です。

人材紹介や人材育成の仕事柄、日常的に転職を希望される方と面談をすることが少なくありません。最初の面談では必ず「なぜ転職したいのですか？」と私から彼らにうかがいます。

答えはさまざまですが、最近は次のような答えが増えてきました。

「上司と合わないから」

「今の仕事にやりがいが見つからないから」

「今の会社ではキャリアアップができないから」

転職理由のほとんどが自分のせいではありません。上司のせい、会社のせい、環境のせい。多くの方が、自分ではない誰かに自分の人生の責任を預けてしまっています。

残念ながら、うまくいかない理由を他人のせいにしている方は、次の職場を紹介してもまた同じことの繰り返しです。同じ理由で転職しようとします。

自分が乗り越えなければならない解決すべき問題だから何度も自分の前に現れていることに早く気づいてほしいと思っています。

心が緩んでいると、些細な困難でもこの現実からすぐに逃げ出したくなります。当然、何も成就できません。

心をたぎらせて臨《のぞ》んでこそ、人生も仕事もおもしろく、味わい深くなっていきます。

真剣に働いている人には気がみなぎっています。

「火事場のバカ力」のように、緊急事態、いざというときにしゃんと気を張って臨めば、想像もできないような力を発揮するのが人間です。不思議な力を秘めています。

自分の人生をたぎらせ、挑戦し続けているでしょうか。

そのような姿に人は感化されるものです。

縦の軸　家訓

日本はかつて「お家」を重んじてきました。大家族主義で縦の軸、伝統を大事にしてきました。昔はどの家にも「家訓」というものがあり、家族の中でこういうものを大切にしていきましょうと先祖からバトンを受け取り、未来に遺《のこ》していくことをしてきました。

皆さんの家に「家訓」はおありでしょうか。

父親が「家訓」を作り、伝えて母親がそれを守っていく役割でした。「家訓」は人間としてどう生きるのかを示しているもので、しつけであり道徳でした。もし「家訓」がなくなってしまっていたとしたら、今、バトンを持っている私たちが改めて守るべきこととして伝承していけば「家訓」は復活するでしょう。

私の実家には茶室がありました。床の間にはお客様を思い、季節に合った掛け軸を掛けるのですが、床の間の正面の壁には「報恩」と書かれた額が一年中、飾ってありました。「感謝の気持ちを忘れないように。感謝するだけでなくて、受けた恩に報《むく》いていくことをしていきなさい」と祖母から教えられました。「報恩」が家訓です。

昔の日本では、わが子にしっかりと「ならぬものはなりません」と武士道の心得による教育がなされていました。子供も親に依存心を持たずに自律して生きていました。家族の一員としてきっちりわが子をしつけ、正しい判断ができるまっとうな日本人を育てることが今こそ求められている時代はないでしょう。

しかし残念ながら、最近は厳格な親が少なくなってしまいました。「これは許しません」「こうしなさい」と伝えられる親がどのくらいいるでしょうか。

子育てに親の存在は必要不可欠ですが、現代の親たちは多忙な日々に追われ、育児の指針を見失いがちです。また、自分たちの楽しみや快適さを求めるあまり育児を疎《おろそ》かにするケースや、逆に子供たちを過度に甘やかす親も存在します。

そのような家庭では、よいエネルギーを与えるための源が十分に満たされないのですから、とても嘆かわしいことです。

本気で子供の可能性を信じて愛のある厳しさで対峙できる親を遺していかなければいけないと思います。人格は家庭から発するものです。

儒教の祖・孔子は、『大学』の中で「修身斉家治国平天下《しゅうしんせいかちこくへいてんか》」と教えています。これは「まずは自分自身の行いを正しくすることで家が整い、国家が治まり、天下が平らかになる」という、国を治める者の心構えを説いたものですが、私たちが家庭の意義を考える際にも深い示唆を与えてくれます。

まずは家庭を築く親がその身をしっかりと修める、行いを正す。すると家庭が整い、社会全体が安定していきます。家庭の中で親が自身を見つめ直し、子供に与えるよきものを築き上げていく。親が子に何を伝えるか、感じさせるか。何を与えるかは社会全体の安定につながっていきます。

日本には聖地がある　自然との共生

日本は険しい山と海に囲まれ、千二百年の歴史が息づく紀伊半島が生んだ世界遺産である高野山、熊野古道、那智山は神道の長い歴史と仏教が入り混じる、神仏習合の発信地。大好きな場所の一つです。

世界中では宗教紛争が絶え間なく起こっている中、尊い生命が失われています。宗教で争うという現実は、私たち日本人にとってはあまり理解のできないことです。

私たち日本人は、※本地垂迹説《ほんじすいじゃくせつ》を持って、何でも否定せずに取り込もう（一体化）としてきました。あらゆるものを受け容れ、調和することを伝承してきたのです。特にこの地では「神を信じることと仏を敬うことは同じこと」で、神と仏を大切にする神仏習合のエネルギーを受け取ることができます。

日本人の「祈り」の源泉がここにあります。自然を敬い、大切にして共存する精神があります。この地は深く内面に入り込める地で、自然に守られ、心を清め、豊かにすることができます。

現代ではインバウンドが増えて観光が盛んになってきていますが、この現象は円安の影響だけではないと思います。日本人自体が実はこの事実に気づかず、疎かにしていますが、海外の人々は日本には何か特別な魅力、不思議さ、神秘性、魂を感じていて引き寄せられているように思います。

日本には何か特別なものがある。それは何か？

おそらく先人の方たちがつないできたもの。そして地域としてつないできたもの。自分だけではなく、自他同一として「つなぐ」力がどこかに醸し出されている。地の力として宿っている。そのように思えてなりません。

日本は聖地であり　世界の精神的な教場になりえるのではないかと微《ひそ》かに希望しています。

※本地垂迹説　神道の八百万《やおよろず》の神々は、仏が世の中を救うために姿を変えてこの世に現れたとする考え方。

おわりに

最後までお読みいただき、ありがとうございます。

この混沌とした世界で、何を拠り所として生きればいいのか。

この問いに答えることはとても難しく、それぞれの人生からしか答えは出てこないと思います。

皆様の中に確かにある「大切な何か」を世界に奏でていくには？　何かしらその調和へのお手伝いができればという思いでこの本を書き終えました。

全編を通して、幸せを決めるのは自分の心であることをお伝えしてまいりました。

幸せを感じる自分、人生とはどのようなものでしょうか。

自分中心、快不快で物事を選択し、結果に左右され、他人と比較し、競争する世界に真の幸せはありません。

幸せを感じるとは、自分が愛する者に幸せになってほしいと思う心のことなのではないかと思います。

自分だけが幸せを感じたいと思うのは、エゴですね。自分の幸せを願うからこそ、他者にも幸せを感じ、味わってもらいたいと考え方を変えられるかどうか。

では、自分中心から他者と共生する世界、ともに幸せを感じる世界へ変わるために、私たち一人ひとりはどう生きたらいいのでしょうか。

自分だけの狭い世界から抜け出し、愛する子供、親、結婚相手、恋人、仲間、会社、社会、国、世界中に対して幸せを感じてほしいと願います。

他者を思い、他者が幸せになること。自分以外にまで思いを広げていくことが幸せの本質です。

そのためには自分自身を高みへと昇華させ、自分以外のものと心でつながり、大きな、そして広い、今の自分を離れた自分になっていくことが必要です。自分の枠を広げ、自分の概念を大きくして「つながる」ことを意識することです。

人間は、人と人との間が大切です。

見えるもの、聞こえるものに意識をとらわれるのではなく、目に見えないもの、耳に聞こえないものを主とする生き方に変えていきましょう。

自分が人生で大切だと思っていることの表と裏をひっくり返してみる。そこから本当に大切なものが見えてきます。

人間関係を整えるために私たちが見直して整えるべき所作として、古から受け継がれてきた作法である「礼儀」があります。「礼儀」を大切にし、「礼儀」に心を込めていきましょう。

それが相手を大切に思い、相手を受け容れ、相手に優しくなり、相手とつながる大切な一歩になっていくと信じています。

そして次に「親切」を実行すること、行動することです。

日本人はもともと親切でおせっかいな国民でした。今を生きる私たちにも受け継がれているはずです。

人間力や日本人の底力を発揮するには、結果や成果、損得ばかりを気にせず、実行する力、行動する力が何よりも大切です。

評論家にならず、祈りを込めて自ら実行すること。その場しのぎで他人と同じことをするのではなく、自分の心が本当に喜ぶことを、自分の良心と対話して養っていきましょう。「良い人間のあり方を論じるのはもう終わりにして、そろそろ良い人間になったらどうだ」（マルクス・アウレリウス）

今日一日の親切の実行が人生を創っていきます。

温かい微笑み、優しいまなざし、思いやりの心を持った声かけ。こうした親切に接して幸せを感じない人はいません。

幸せの灯は他人におすそ分けできるもの。親切な行動は、相手が喜ぶだけではなく、不思議とそれを見ている人も幸せを感じます。

親切を実行し、幸せをおすそ分けする生き方が広まれば、この殺伐《さつばつ》とした世の中が少しずつでも変わっていくのではないでしょうか。

「親切の連鎖」を生む世の中をご一緒に創り出してまいりましょう。

最後にお伝えしたいのは、柔軟に変化を楽しむということです。

自分の心の変化と対話し、環境や世の中の変化を俯瞰《ふかん》し、変化できる自分になり、行動していく。

自他の幸せのためにならないと思ったら、迷わず今の行動を変えて、日々新たに、勇気を持って新しい自分にチャレンジすることです。もし失敗しても何度でもやり直せます。

自分磨きは他人磨き。たとえ自分の善い行いに誰からも感謝されなくても、感謝を期待せず、ただそれをやれるだけで幸せを感じられるような人間になっていくこと。決められた枠に自他を閉じ込めず、自分自身の人生の枠、人とつながる時間の枠を広げて、広がりゆく枠を楽しみましょう。

そうなることで、自分一人からすべてのものと「つながる幸せ」を感じることができてくるのではないかと思います。

本書を通して、皆様とご縁をいただき、つながることができたことに、とても幸せを感じています。

美しい世界に憧れ、美しい世界を次の誰かに遺《のこ》していけますように。

令和五年十一月二十日

三枝理枝子

著者略歴

三枝理枝子（さえぐさ　りえこ）

パッションジャパン株式会社 COO、作法家、裏千家茶道師範（茶名：宗理）。青山学院大学文学部英米文学科卒業、ANA（全日本空輸株式会社）入社後、国内線・国際線チーフパーサーを務める。VIP（皇室、総理、国賓）フライトの乗務などで幅広く活躍。現在は「実行力」を人や組織に定着させ、接点強化で成果を出すマネジメントコンサルタントとして、大手・老舗企業からベンチャー企業まで幅広く支援。優秀な外国人を育成し、日本で就職・活躍してもらう外国人育成と就職支援も推進中。
著書に、シリーズ累計16万部のベストセラー『空の上で本当にあった心温まる話』（あさ出版）、『「ありがとう」と言われる会社の心動かす物語』（日本経済新聞出版社）、『人間力のある人はなぜ陰徳を積むのか』（モラロジー道徳教育財団）など多数。

パッションジャパン HP: https://www.passion-jpn.com/
パッションジャパンキャリア HP: https://passion-career.com/

幸せを感じる人間力の高め方

令和 5 年11月20日　初版発行

著　者　三枝理枝子
発　行　公益財団法人 モラロジー道徳教育財団
〒277-8654　千葉県柏市光ヶ丘 2-1-1
電話 04-7173-3155（出版部）
http://www.moralogy.jp
発　売　学校法人 廣池学園事業部
〒277-8686　千葉県柏市光ヶ丘 2-1-1
電話 04-7173-3158
印　刷　株式会社 太平印刷社

ISBN978-4-89639-291-3